犬が看取り、猫がおくる、しあわせのホーム

文・写真
石黒謙吾

光文社

おわりに的なはじめに

目の前の犬や猫や人に思いを寄せ
愚直にファインダーを覗いて見えたもの

「人間の死を看取る犬がいる」その事実を知ったのは、2022年秋のこと。大げさではなく、衝撃でした。老人ホームで最期の時を迎える老人たちのベッドに寄り添い、身体《からだ》を擦《こす》りつけ、顔を舐《な》め、そして傍《かたわ》らで静かに、おくる。そんな犬の姿に心が揺れました。それは、神奈川県・横須賀市にある特別養護老人ホーム「さくらの里 山科」と、そこに暮らす犬、文福《ぶんぷく》を追ったNHKのドキュメンタリー番組の映像。さらにそこでは、ほかにもたくさんの犬や猫が、入居者たちと一緒に暮らしていることを知ったのです。

その夜、あまりの興奮とともにさまざまな思いが駆け巡り、考えました。「このホームのことは本に残さねば」と。翌朝早く起きネット検索で調べると、いくつもの記事が見つかり、さらに、施設長である若山三千彦さんの著書『看取り犬・文福 人の命に寄り添う奇跡のペット物語』や、連載中のネット記事の存在も確認しました。

すでに当事者である若山さんの著書まであるのに、さらに本を作る意味があるのか？ そう自問自答しつつ、施設に申し出の連絡をすべきかどうか逡巡《しゅんじゅん》。しかしここで考えます。10年間続いてきたこのホームの素晴らしい取り組みについて、僕自身が今まで知らなかったわけだから、まだまだ多くの人に広く知ってもらいたい。そこに向かってできることとして、まずは打診してみるべきだろう。そう決意しすぐに電話をしました。

電話口で若山さんは快諾。早々に打ち合わせに伺いお話しして、正式に企画の仕込みがスタートとなり、そこで驚いたことが。若山さんが最初に文福に関する著書を出した出版社（現在は宝島社から再刊行）の方が、なんと僕が懇意《こんい》にしている人だったのです。その方が若山さんのもとを訪れて執筆を勧めてきた時、「私の知人に『盲導犬クイールの一生』の著者がいまして、あのような、犬に関わる、心打つ本を残しましょう」と言われたことで、迷っていた若山さんは背中を押されて決めたというのです。

この縁には深く感ずるところがありました。『盲導犬クイールの一生』は、企画してから4年以上で刊行という長い月日がかかったのですが、さまざまな苦難と奇縁が錯綜《さくそう》して進んでいきました。そして、若山さんを訪ねた日、文福をモノクロ写真に収め、帰宅してプリントアウトしてから気づいたのです。その顔立ちはクイールに似ているなと。

こうして、10月に横須賀通いが始まります。朝から夕方まで一眼レフを手放さずの撮影です。カメラの撮影モードはあえてモノクロ限定で設定しました。一般的にはカラーで撮っておきあとからモノクロに変換します。そうすればカラーでも使えるので汎用性があるわけですが、それでは潔くないなと思い、「この本のためだけに撮る」という覚悟の意味でそうしました。今、校正紙を見ながらそれで良かったなと感じています。

施設内の照明と自然光だけのほの暗い中で、ストロボもレフ板も使わず、手持ちで追う犬と猫と人、ふれあう姿と表情。写真はプロではないので、撮ったカットのほとんどはブレまくりのピン甘だらけ。でもそういうことよりも、目の前にいる犬や猫や人に思いを寄せ、心が通う瞬間を待ち、愚直《ぐちょく》にファインダーを覗きシャッターを押していく。

これは僕にとって至福の時間でした。著者としてよりも、書籍のプロデュース&編集の仕事のほうが多く、連絡や調整で忙殺される中で摩耗した、澄んだ慈愛の心。それを、犬と猫、老人と介護職員の方たちによって取り戻せた、非日常のパラダイスでした。

本書の文章は、構成が少し違った方向の2つで成り立っています。1つは、僕が現場で見て聞いて感じたことを中心としたもの。もう1つは、このホームで11年間にあった多くのエピソードをまとめたもの。その2種類を、本文のフォーマットで分けておきました。「目次」の最終ページに詳しく記してあります。

本一冊分の紙数では、書いてあるエピソードも表層《ひょうそう》しか伝えられていません。だからこそ、限られたスペース内で読者の方に写真とシンプルな文章で大筋を伝え、「さくら

の里 山科」の概要や理念、犬猫人のつながり、などを知ってもらいたいと考えました。

そして、この本を読んだことがきっかけで、本書収録以外にもたくさんある心打つ話を、若山さんの著書やネット記事連載で読んで頂きたいのです。そこからさらに、老人ホームの理念、実態、課題、老人福祉のこと、動物保護問題などへと意識を広げていって頂けるといいな。そんな思いを込めて本づくりを進めました。

盲導犬、聴導犬、動物保護関連をはじめ、盲導犬使用者、盲導犬ボランティア、パピーウォーカー、リタイア犬ウォーカー、ほか犬や猫の本をいろいろと手掛けてきましたが、また新たなジャンルとして「老人問題」とも関わる一冊を残せたことは、僕にとって有意義なことでした。伯父2人は獣医師だったのですが、それとは違ったアプローチで、極めて微力ではありますが、犬や猫や彼らを愛する人の役に立てたら嬉しいです。

そして今、僕がイメージしているのは、いつか、友人が、親族が、家族が、そしてなにより自分が、犬や猫と一緒に老人ホームに入ることです。


「さくらの里 山科」で暮らす犬・猫の年齢は2023年7月時点のもの。

目次

本編はそれぞれ、見開き2ページで1つのエピソードとなっています。
各エピソードの文章は、構成が少し違った方向の2つで成り立っていて、
以下の2種類のフォーマットで分けてあります。

●ページの下地が白・見出しの位置が下
僕が現場で見て聞いて感じたことを中心としたもの。

●ページの下地がグレー・見出しの位置が上
このホームで11年間にあった多くのエピソードを、
若山さんから聞いたり連載や本を参考にしたりでまとめたもの。

どちらとも言えるものも多いのですが、
強いていうと、というニュアンスで分けました。

人が人をいたわり、
人がどうぶつをいたわり、
どうぶつが人をいたわり、
どうぶつがどうぶつをいたわる。

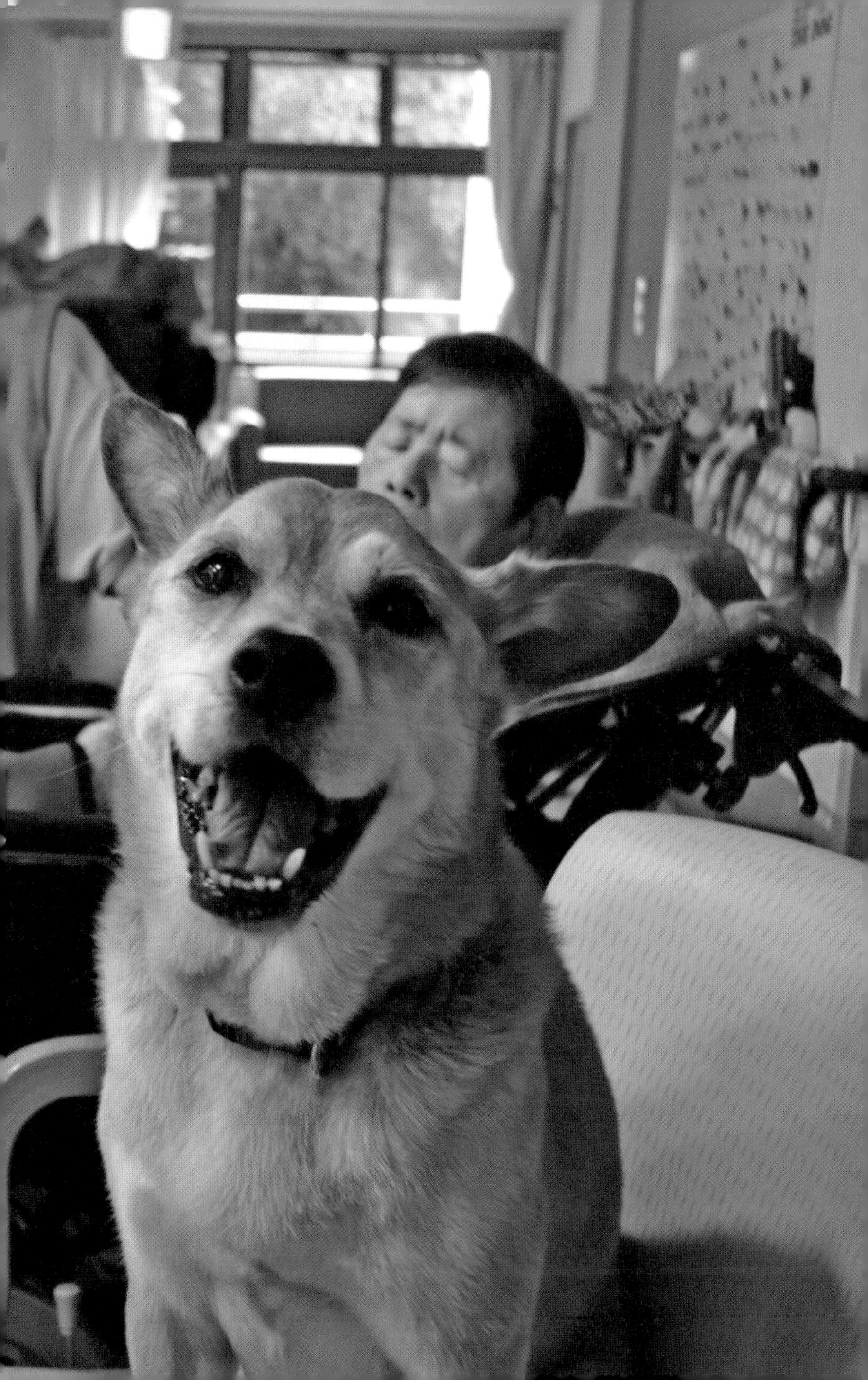

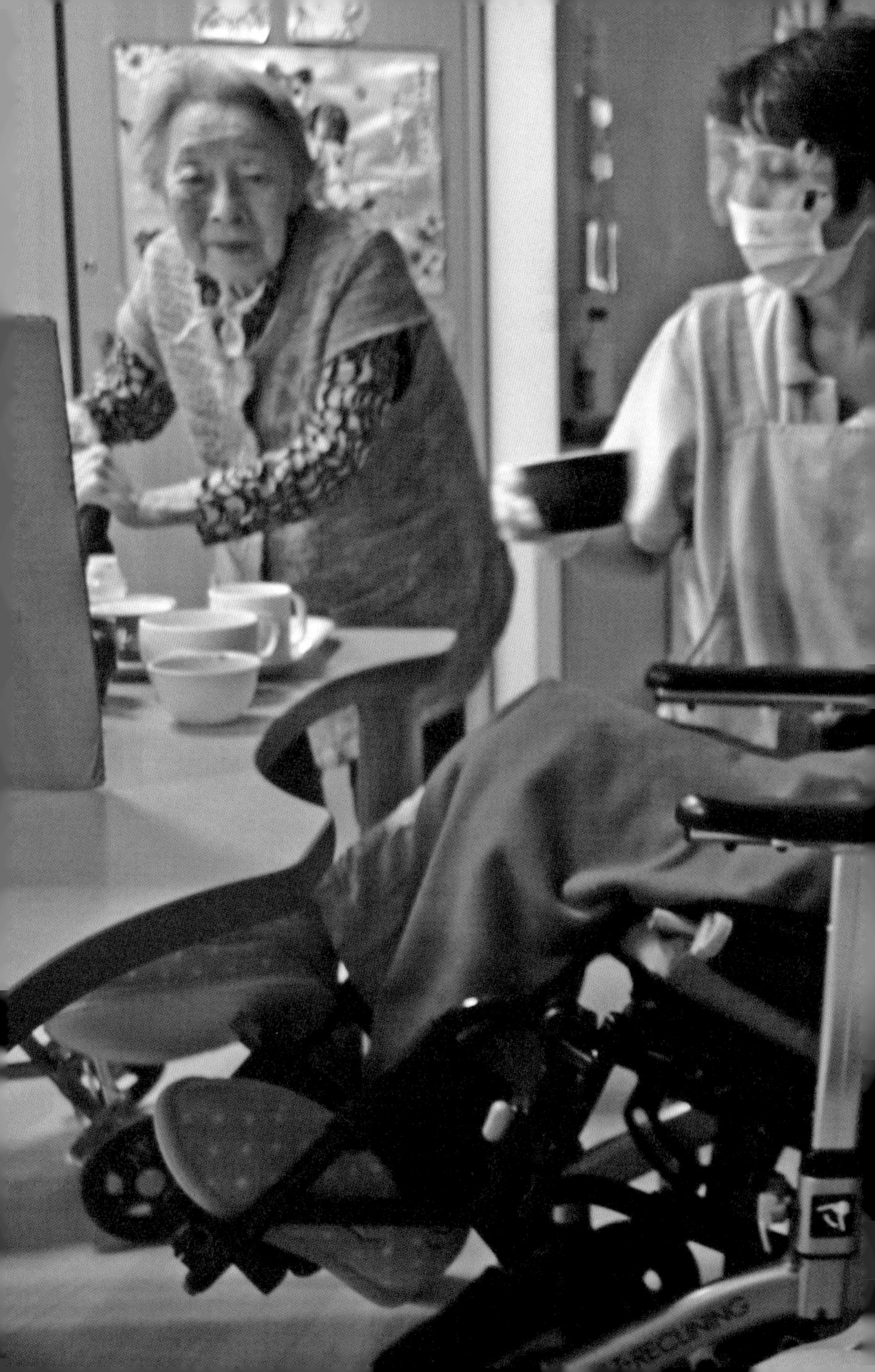

看取りの犬・文福の日常は
癒やしの犬として生きる

この本の最初には、やはり「文福《ぶんぷく》」のことを記さねばならないだろう。なぜならば、まず彼はこのホームの一期生として10年以上過ごしてきたベテランであり、これまで数々の逸話を残しメディアに登場してきた広報部長なのだから。加えて、僕がここを知ったのも、文福の看取り行動を扱ったテレビ番組だったわけなので。

2022年9月29日、僕は初めて「さくらの里 山科」（以下「さくらの里」）の若山施設長のもとを訪れた。軽く話をしたあと、まずは文福にあいさつだと、犬たちが入居者と一緒に暮らす犬ユニットに案内して頂く。前に立つ若山施設長が入り口のドアを開けた時、廊下の向こう7メートルほどのリビングルームに「伏せ」の姿勢でいた文福が、4本の脚ですっと立ち上がる。そして、遠慮がちに室内を覗き込む僕から一瞬も目を逸《そ》らすことなく、キッと見据えてきた。

文福のうしろには、車椅子に座りテーブルに向かってやすらぐ老人たち。文福はそんな〝家族〟を背に、不審な者が侵入してこないか見張っているのだ。こうして、1日のかなりの時間を、入り口のほうを見て過ごしているのだという。

このホームでは、犬と猫がそれぞれ2つのユニットに暮らしている。犬猫は別棟になっていて合わせて4ユニット。1つのユニットの入居者は10人で、犬か猫は5匹まで。つまり、定員としては、人が40人、犬が10匹、猫が10匹。合計60のいのちが、心を通わせている。

部屋に入る僕に用心深く近づいてくる文福。若山さんのうしろをついていったから、少しは警戒心を緩めているのだろう。見上げて匂いを嗅《か》いでくる。僕は腰を落とし、にこやかに「こんちはー、文ちゃん。はじめましてー」と話しかけ、手の甲を鼻先へと控えめに近づける。数秒で、文福の尻尾《しっぽ》がゆらりと動く。どうやら、不審者ではないと認めてもらえたようだ。まずは一次面接通過、ほっ。

犬や猫がいるのは、入居者の個室内かリビングのどちらか。一緒に入ってきた入居者の部屋に籠《こ》もっている犬猫もいるが、文福は、日中はリビングで多くの時間を過ごす。そして、見張りをしながら、老人たちにかわいがってもらう。

自分からも人の足元に寄り添い、尻尾を振り、膝に乗り、顔を舐め、みんなに愛情をたっぷり振りまく。特別な看取りのエピソードで知られるようになった文福だけど、日常のほとんどはこうした時間の中で、老人たちにとってかけがえのない存在、癒《い》やしの犬となっている。

人の死期を感知できる「看取りの犬」文福。
保健所から救い出されてこのホームに。

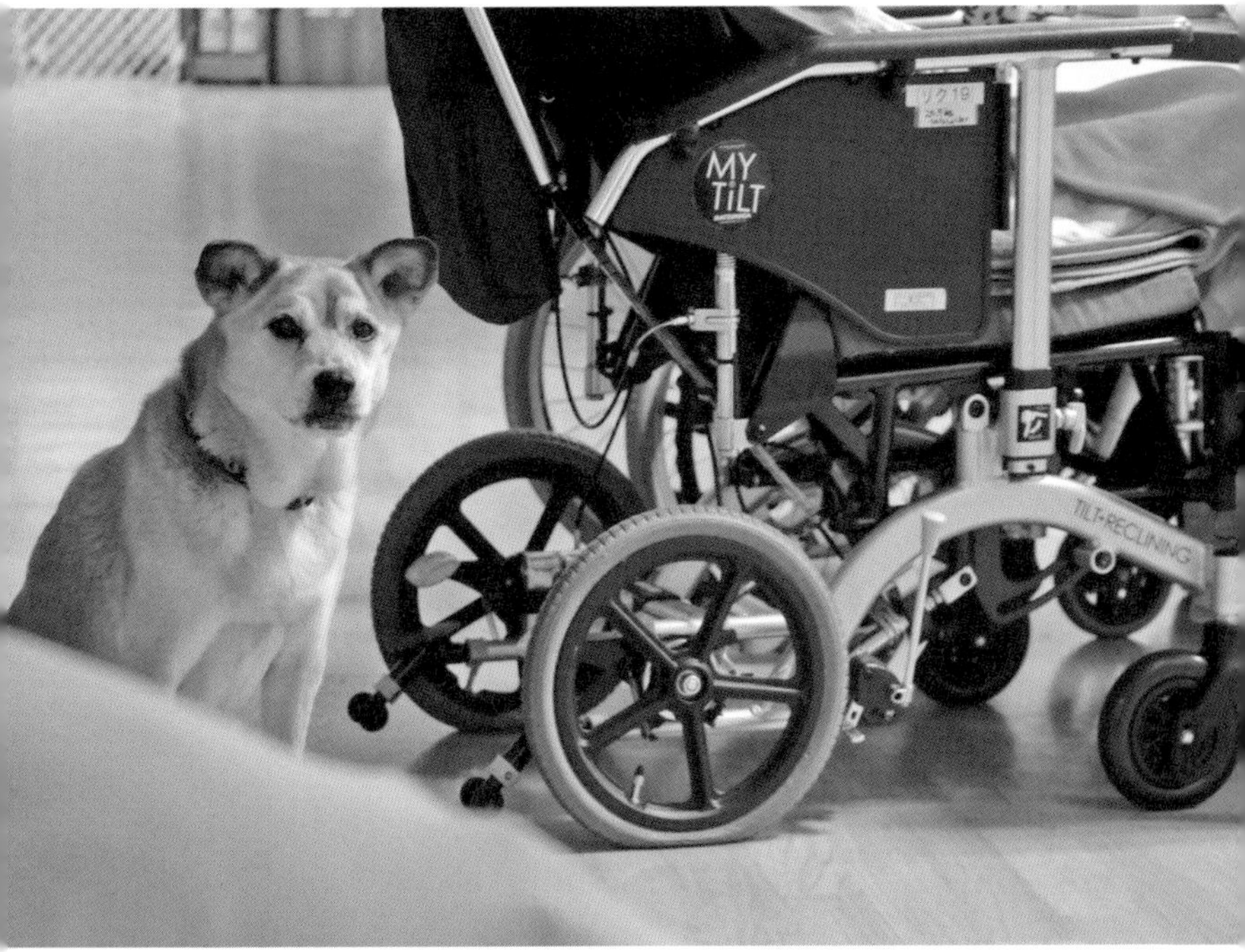
MY
TiLT
TILT-RECLINING

人の死期を感知する
文福と人の匂い

文福は、もともと保護犬だった。柴犬系の雑種で茶色、推定13歳か14歳のオス。「さくらの里」にやって来たのは、2012年春。まさに桜の咲く頃だった。

彼はここで何度となく奇跡と思える看取りのシーンを見せてきた。

入居者に死期が近づいてくると、だんだん近くにいようとする。そして、衰弱《すいじゃく》が進むと、3日前あたりから寝ている個室のドアの前から離れずにずっと中を向いて座る。さらに、いよいよその時が近づいてくると、ベッドの上に横たわる老人に寄り添い、顔をぺろぺろと舐め、見守り、最期を看取る。入居者は、そんな文福を抱きしめ、やわらかな顔で天国に召されていく。

看取りの犬、である。人間の「おくり人」とは意味が違うが、「おくり犬」という表現でもいいかもしれない。これが一度や二度ではなく、必ずこの行動をとるのだから、たまたまその時そうなったという偶然ではなく、死期をはっきりと感知できているとしか考えられない。文福はすでに20人を超える人を看取っているのだ。

施設長の若山さんは、「なぜわかるのでしょう?」と尋《たず》ねられると、「匂いでわかるんじゃないかと考えています」と答えている。僕なりにいろいろお話を伺ってみたのだが、たしかにそうとしか思えない。科学的な証明までには至っていないが、獣医師さんによる見解でもその考えが示されているようだ。

しかし、このホームにはほかの犬たちもいるが、この行動をとるのは文福だけ。それはなぜなのか？　若山さんはこう考える。

「さくらの里」に来る前、文福は、保健所の保護センターにいた。どこかで保護された犬や猫が入ってきて、一般的には1週間ほど引き取り手が現れないと、殺処分になってしまう。保健所によって違いはあるのだが、たいがいは、処分が近い部屋へと日を追って移動し、死の順番を待つ、という状況となっている。

そんな中に身を置き、死へのリミット1日前でセンターから救い出された文福は、死にゆくほかの犬たちから発せられたなんらかのメッセージによって、特別な能力を身につけたのかもしれない。だから文福は、対象が犬であっても人であっても、自分がそうであったように「死」への恐怖を少しでもやわらげてあげたい、そう感じているのではないか。

若山さんのそんな推論を聞いて感じ入った僕は、入居者を見守る文福の目を覗き込んで「そうなの？」と尋ねた。すると、静かに見返してくれた。

いつもリビングにいる文福は、
入居者みんなにかわいがられ、
そして、よく、
ユニットの入り口を向いて
「見張り番」をしている。

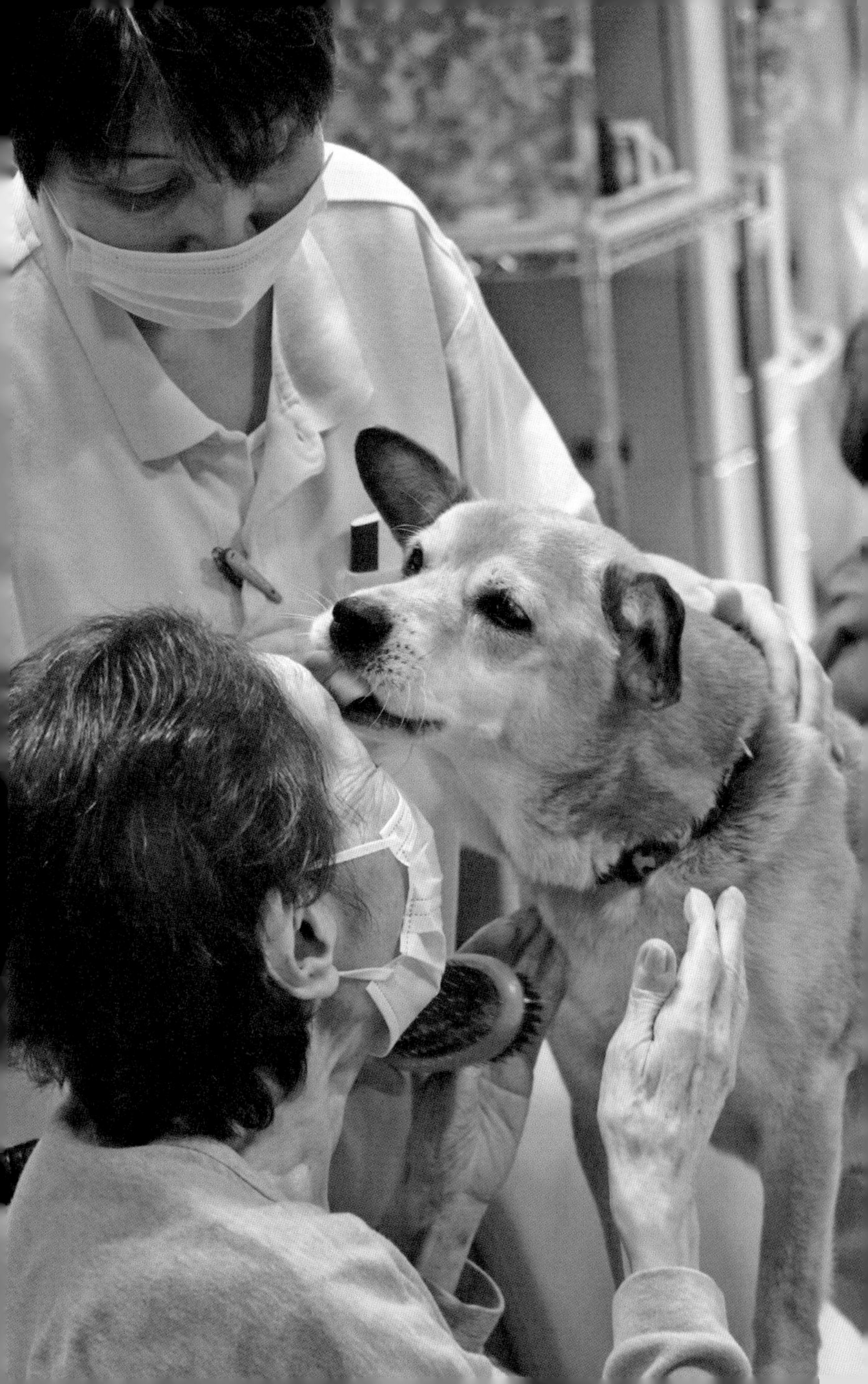

文福の看取り行動が可能にする最期のケアへの準備

文福に人の死期を確実に悟《さと》る能力があるということは、裏を返せば、その兆候《ちょうこう》が見えたら、入居者を見守る職員や家族は、別れへの〝準備〟ができるということにもなる。行動もだけれど、気持ちのほうも含めて。

65歳から入居可能な「さくらの里」に暮らす入居者は、施設全体で100人。平均年齢は90歳で、1年間に亡くなる方がそのうち30人前後。へんな言い方だが、職員さんたちにとって、死はある意味、平凡な日常の少しだけ先のできごとだ。

文福がいる犬ユニットには10人の方が暮らしていて、年間に3人前後の方が最期の時を迎えるという。11年のあいだに文福はそのすべての方に看取り行動をとってきたのだが、最初にその行動に気づいたのは、2年ほど経ってからだった。

看取り介護態勢に入ったある入居者の個室の前で文福はずっと座っていて、悲しそうにうなだれていたという。その様子を職員同士で話していて、このユニットのリーダー・出田恵子《いでたけいこ》さんが思い出した。そういえば、半年前と、さらにその数ヶ月前に亡くなった方の時も、文福が同じ行動をとっていたことを。

そして半日後、文福は部屋の中に入ってくると、ベッド脇に座ってじっと入居者を見ている。さらに翌日には、ベッドの上に乗って顔を舐める。そのあとは、トイレとごはん以外はベッドを離れずに、傍らに寄り添った。翌日、息を引き取るまでずっと……。

これ以降、ユニットに暮らす誰に対しても文福は、亡くなる数日前から必ず同じように看取ってきた。一緒に暮らしてきて旅立ちを迎える人がいる。ならば、自分ができることはせめて最期の時を見送ること。そう思っているのだろう。

文福のこの行動が指針となって、熱望していたことが叶《かな》った人がいた。

ある男性の入居者が、昔、漁師だった頃に過ごしていた漁港に行きたいと言い続けていた。余命1週間と宣告を受けてから2週間。医学的には外出などとんでもない状態だったが、ターミナルケアとして「その人らしい最期」を考える職員たちは相談し、「連れて行ってあげたい」となった。しかし体調はいつどうなるかわからない。そこで、文福の看取り行動が始まっていないことで決断し、実行に移す。

漁港に着き、涙して喜ぶ男性、付き添ってきた娘さん、職員たち。

無事にホームに戻ると血中酸素濃度が大幅に上がるなど体調が回復していた。

4日後、文福は部屋の前に佇《たたず》み、夜には室内に。翌日、ベッドに上がり寄り添いが始まる。その夜、男性は旅立った。とても満ち足りた表情だったという。

脚が曲がったタイガと2匹
猫ユニットの静かな時間

猫ユニットでは昼食を終えた入居者が個室に戻る。人がいなくなった広めのリビングスペースには、職員が仕事をこなす音がかすかに聞こえてくるだけ。天地いっぱいの大きなガラス窓から差し込む陽射しが、白い薄手のカーテンを通ってやわらかく室内を回っている。ここでしばらく、猫たちをのんびりと見渡す。

窓の横に置かれたガリガリの上では三毛猫の「ミーちゃん」が、眠るでもなくどこを見るでもなく鎮座《ちんざ》している。僕もつられたようにじっと時をやり過ごしていると、廊下にいた白猫の「かっちゃん」がそろりそろりと部屋の真ん中に歩を進めてきた。うろうろしてから座って窓のほうを向くと、また静寂の時間が流れ始める。

すると今度は、入り口のほうにいたと思われる「タイガ」が、ミーちゃんに近づいていき、何をするわけでもなくまた離れたところに座ると、そこはかっちゃんとミーちゃんの視線が結ばれる間《あいだ》だった（P141）。

推定15歳のタイガは、保護猫として10年前に来た時から、右前脚が曲がっていた。保護される前に、誰かに傷つけられたのではないかということだ。だから、歩く速度は遅い。最初その光景を見た時は、そっと右前脚を出す動きに胸が締めつけられた。でも、だからこそ、このユニットにいる人たちのタイガに寄せる思いが強くなるのではないか、そんなことを考えながらシャッターを切る。

かっちゃんとタイガが一瞬見つめ合い、そしてまた、ともにやんわりと動く。

また別の日。カメラを手にそおっと入り口のドアを開けてこのユニットに入っていく。猫ユニットは犬のユニットに比べてかなり静かなので、こちらの一挙手一投足までスローモーションになる感じだ。廊下には、車椅子に乗った伊藤博子さん(仮名)が。近くにいたかっちゃんを撫《な》でたくて、車椅子で進み始めた。マスクをしていても口元がほころんでいくのがわかる(P73)。

伊藤さんは、飼い猫と一緒に入居してきた方ではないけれど、無類の猫好きで、いつも傍らにいる猫と遊ぶという。

推定9歳のかっちゃんもタイガと同じ保護猫で、こちらは左後ろ脚に麻痺《まひ》がある。2015年にやって来て、この空間で、猫仲間、猫を愛する老人たちとしあわせな時間を過ごした。僕が秋に撮影したあと、2023年2月11日に虹の橋を渡った。まだ若かっただけに入居者や職員さんの悲しみも大きかったことだろう。6月に取材に行った際には、位牌と遺影を撮りながら(P140)、そっと合掌《がっしょう》した。

猫ユニットは、犬ユニットよりさらに静かな時間が流れている。
うとうとする、タイガ(下左・P71)、ミーちゃん(下右・P92)、かっちゃん(上・P72)。

祐介と「同伴入居」に至るまでは一緒に家にいると言い張って

認知症が進んだ人が大半を占める入居者の中で、ひときわしゃきっとした姿で暮らしている澤田冨與子《ふゆこ》さんが、溺愛《できあい》していた飼い猫の「祐介《ゆうすけ》」と「同伴入居」でホームにやって来たのは2013年。このホームで暮らしてすでに10年が過ぎた。

もともと絵が好きで今でも個室内には画材が置かれ、アトリエのような雰囲気。壁には、昔飼っていた犬や猫の思い出の写真と並んで、自ら描いた絵が掲げられている。施設長の若山さんの著書の表紙の絵を描いたこともあるほどの腕前なのだ。

澤田さんは若い頃からたくさんの犬や猫を飼ってきた。還暦《かんれき》を目前にして愛犬2匹を相次いで亡くし、持病もあるからもう飼うのは終わりだと決めた矢先、訪れた海辺であるできごとが。

まだ目も開いてない、小さな小さな生後数日という子猫を海に流そうとしている女性を見たのだ。聞けば、情が湧《わ》かないうちに海に流すのだという。「待ってください！　それなら私にください！」とその人に叫んで子猫を引き取った。

ここから、澤田さんはめいっぱい祐介をかわいがり、大切に育て、お互いにとってしあわせな、一心同体と言っていい暮らしが始まった。

しかし、背骨の病気を患《わずら》っていた澤田さんの病状は次第に悪化。6年後には歩くことに支障をきたすようになると、一人暮らしだった澤田さんの心配ごとは、祐介のことになった。この子を残して入院なんかできない、しない。最後まで一緒に暮らす。そう決めていた。そんな病状と気持ちを察しているかのように、祐介はそれ以前にも増して澤田さんについて回り、家の中で転んでしまった時は心配そうに顔を舐めたりしていたという。

さらには、持病に加え、精神的にも支障をきたし、月に何度か家のことを手伝いに来てくれる姪が心配して心療内科にも連れて行き、通院することになる。

そうした状況の中、家の中で倒れてしまったところを、地元の見回りの方に発見されて一命はとりとめたものの、いよいよ入院となった。この時、祐介の世話に乗り出したペットシッターさんが、ご家族に「さくらの里」を紹介してからの入居となるのだが、そこまでがたいへんだった。

病院に3ヶ月間いて回復はしてきた澤田さんだったが、それでもまだ混乱状態にあった。今自分がいるのは自宅だと思い込んでいて、猫と一緒に入れる老人ホームなんてあるわけないから、絶対に行かないと言い張っていたのだ。

澤田さんが自室で抱きしめているのはタイガ(P24)。
祐介亡きあとも、猫への愛は変わらない。

祐介とここで過ごした8年間
先立たれたあともしあわせに

重度の衰弱状態となっていて体重が30キロしかなくなってしまった澤田さんだったが、お世話を続ける姪から「さくらの里」なら祐介と暮らせるのだといくら説明されても信じようとせず、祐介と一緒にずっと家にいるんだと言い張った。そこで致し方なしと、本人が意識朦朧《もうろう》としてよく状況がわからない時を見計らって、ストレッチャーに乗せて「さくらの里」に連れて行くことになる。

到着し目覚めた澤田さんの目に、3ヶ月間会えなかった祐介の姿が映る。ぼろぼろと涙をこぼし、愛する猫を抱きしめる。いつもそばにいた人に頭をこすりつけ、感極まってせつない声をあげる猫。

2人は再び、ともに暮らし始めることができた。

とはいえ、澤田さんの意識はすぐには回復に至らず、あとで思い返すと、1ヶ月間は夢の中で祐介といた感覚だったとか。しかし、徐々に現実を認識できるようになると回復ぶりは目覚ましいものがあり、数ヶ月で体重は10キロ以上増え、夜はぐっすりと眠り、言動もしっかりしていった。

やはり祐介と一緒にいられることが回復の要因だったはずだ。特に、もし自分に何かあっても「祐介はこのホームで生きていけるから大丈夫」と思える安心感が、なによりの薬となったのだろう。さらには、このホームで出される、しっかり手をかけて作られたおいしい食事の効果も大きかったようだ。

こうして、個室のベッドには、自宅でずっとそうしていたように、人と猫の枕が仲良く並んだ。椅子に座って絵筆をとれば、その様子を見つめる祐介がいた。

こうした胸を打つエピソードで、澤田さんは「さくらの里」入居者関連の取材を受ける機会が増えていったが、その中で、施設長の若山さんが深く感じ入ったことがあった。テレビのインタビューで「今が至福の時です」と答えたのである。老人介護施設の職員たちが目指しているのは、「あきらめ」が「しあわせ」に変わること。それをこうしてはっきり口にしてもらえたことが本当に嬉しかったという。

海辺で澤田さんに救われた小さないのちは、大切に育《はぐく》んでくれた人と15年のあいだ深くつながり合い、2021年3月に天国に導かれた。

そして。愛し続けた祐介はいなくなってしまったが、澤田さんはそのあともホームで、絵や手芸をたしなみながら、祐介が一緒に遊んでいた猫たちと、しあわせに暮らしている。いつも、祐介とのたくさんの思い出を噛みしめながら。

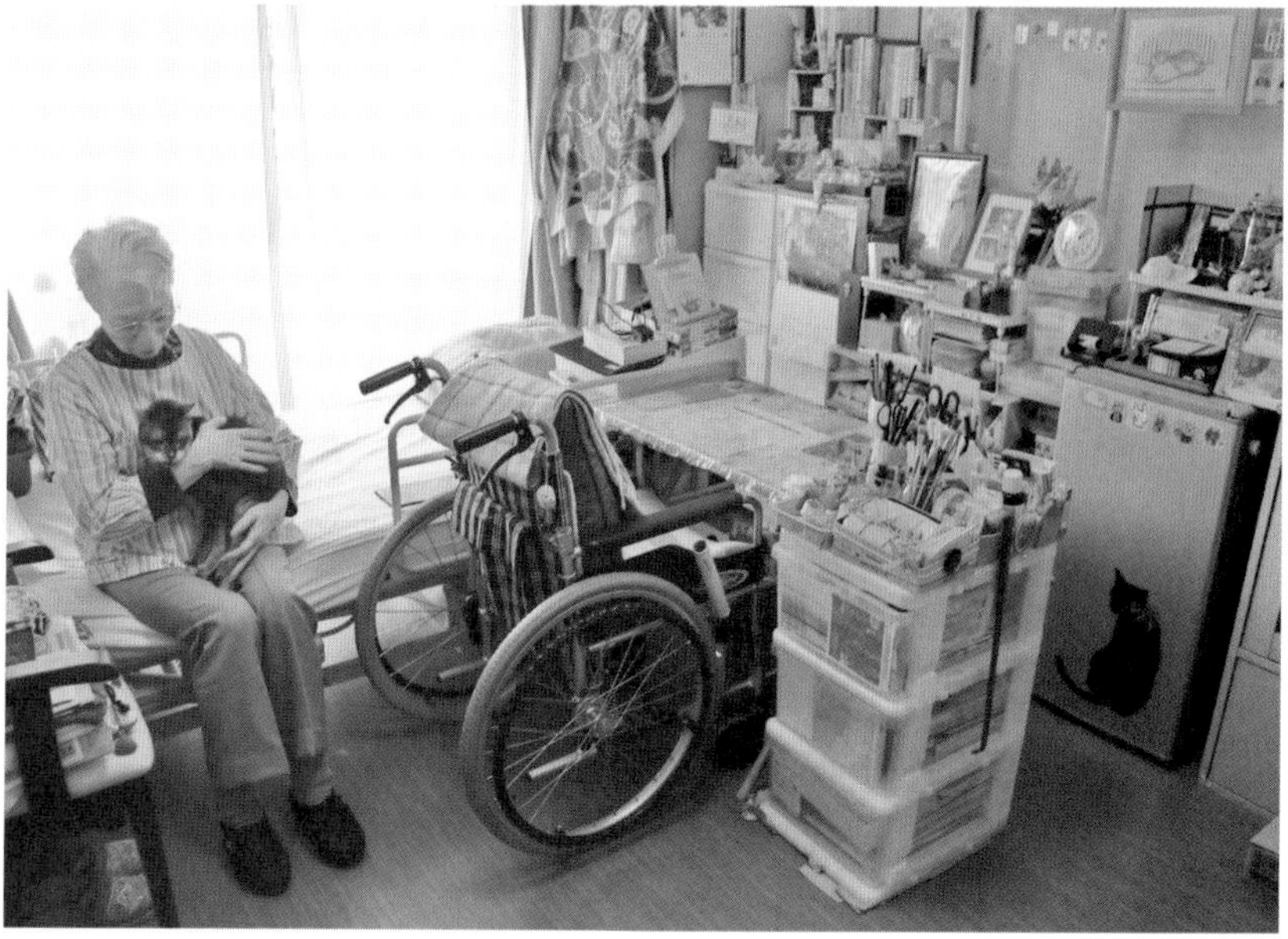

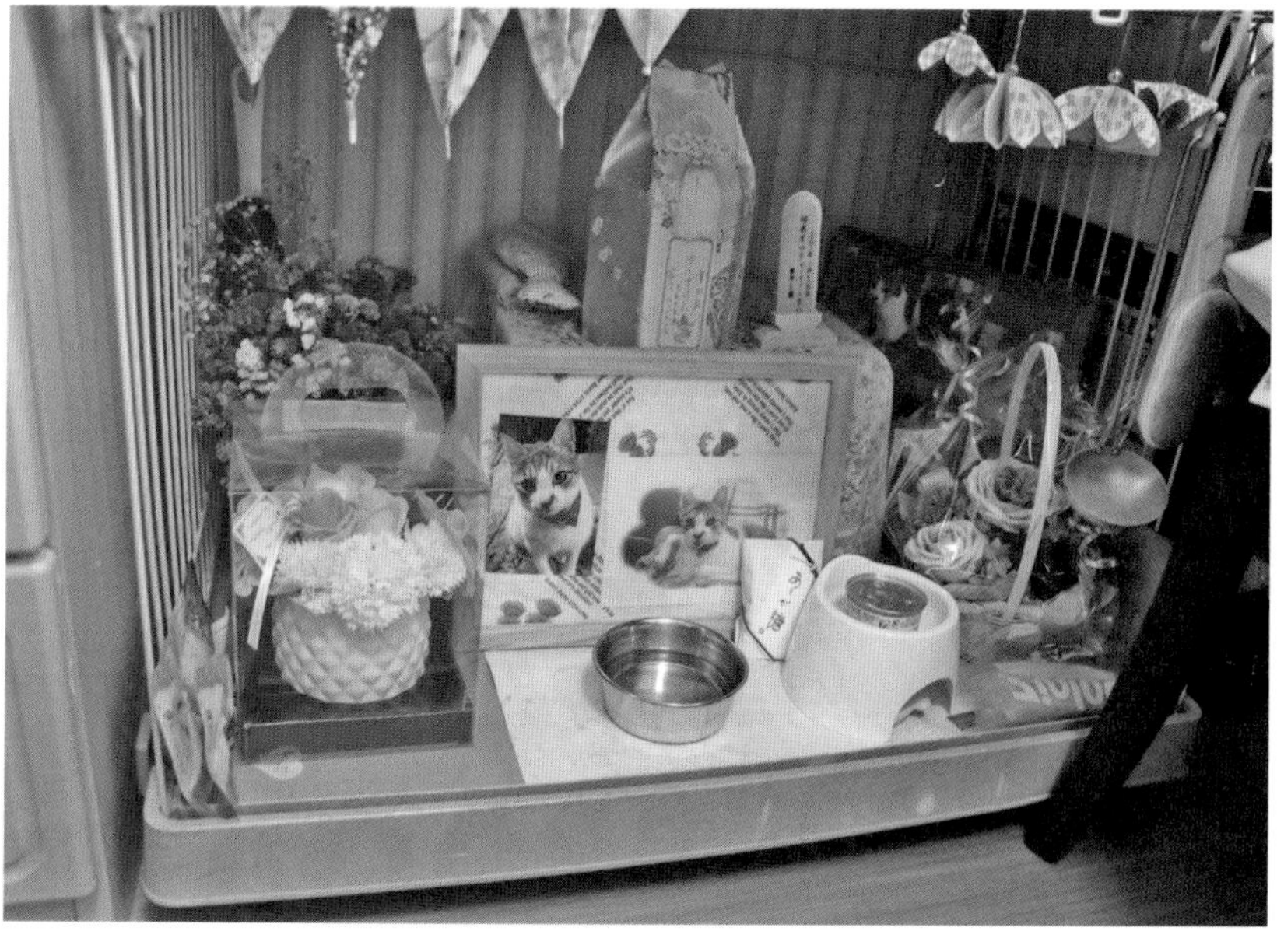

澤田さん(P28)の個室には画材がずらりと並ぶ。
そして、昔、一緒に暮らした犬や猫たちの写真や絵もたくさん飾られている。

離れたくないから「同伴入居」殺処分につながらないためにも

特別養護老人ホームとしては日本で初めて、犬や猫と一緒に入居できることを実現させた「さくらの里」は、犬や猫を愛する人たちにとって、夢のような場所と言っていい。

犬や猫を飼っている(飼っていた)人なら、一度は考えたことがあるだろう。自分が年齢を重ねていく中、いつまで飼っていられるのかな? と。きっとほとんどの人は、どこかの時点で飼うことをあきらめる。子どもたちと同居してその家族が飼っている場合などを除けば、犬猫のいない寂しい老年期が待ち受けているのだ。

そして今や、自宅で天寿をまっとうするケースは珍しく、老人ホームに入ることはごく一般的となった。そんな状況下において、自分が天国に召されるまで犬や猫と暮らせるなんて考えはしないはず。家庭でもそうだし、ましてや老人ホームでなんて誰しもが発想の外にあるだろう。

そんな大きく立ちはだかる壁を打ち破ったのが「さくらの里」である。その功績の芯となる画期的なシステムが、飼い犬・飼い猫とともに入居できる「同伴入居」

だ。現在までの11年間で、犬は11例、猫は10例の実績がある。

誰しも、自分が老いるまで一緒にいた犬猫たちと離れるのはつらすぎる。僕も犬と猫と暮らしているが、自分の身に置き換えて想像してみたら、絶対無理、という気持ちが痛いほどわかる。しかし、認知症をはじめさまざまな症状や状況で施設に入らねばならないケースは多い。そんな時、犬や猫たちはどうなるのか？

いい方向としては、飼っていた犬や猫を、子ども、きょうだい、親族などが引き取ってくれること。そして考えたくもない方向としては、家族や親族が、保健所に差し出してしまうこと。つまり、その先のほとんどで殺処分が待っている。

犬猫を愛する人ならみんな、そんな結末は阻止しなければと思うだろう。愛犬家・愛猫家《あいびょうか》が老人ホームに入居する際に、こんな重大な問題が起こりうるのだ。実際にどの程度の割合でこうなってしまうのかは、調べる手立てがないのでなんとも言えないのだけれど、少なからずありえるのではないかと想像はつく。

犬猫とずっと一緒にいたいから、というシンプルな願望を叶えるための同伴入居だが、副次的にこのような犬猫保護の一助にもなっている。

また「さくらの里」では、さらに直接的な保護活動として、保護された犬や猫を、保護団体からホームの飼い犬・飼い猫として迎え入れてもいるのだ。

特別養護老人ホーム
さくらの里 山科
SAKURA VILLAGE YAMASHINA

「さくらの里」は4階建て。
これは裏手から見た外観。
右側はドッグラン用の広場。
館内の写真は犬ユニットで、
夕食前に入居者が集まってきたところ。

殺処分が少しでも減れば……
保護された犬猫をホームに迎える

「さくらの里」に犬や猫がやって来る経緯は大きく分けて2通り。1つは、飼い主とともに入ってくる同伴入居。もう1つはすでに軽く触れたが、保護犬・保護猫を迎え入れるケースだ。ホームが開設された2012年から2023年6月までに、7匹の保護犬、10匹の保護猫、加えて、東日本大震災のあとに被災地で保護された被災犬と被災猫が1匹ずつ。すべて合わせて19のいのちがここにたどり着いた。

開設当初は、飼い主とともに入居するケースは少なく、すべて保護犬・保護猫でのスタートだった。いちばん最初が、犬の文福と猫の「トラ」で、同じ4月のうちに何匹かの犬と猫もやって来た。その時、縁あって引き渡してくれたのが、動物愛護団体の「ちばわん」だ。それ以来現在まで、団体から「さくらの里」に入るすべての犬猫は、「ちばわん」で保護されてからやって来ている。

この「老人ホームに保護犬・保護猫を迎え入れる」という取り組みはたいへん意義深いものだ。犬や猫のいのちを1つでも多く救い出し、同時に、いのちがつながった犬や猫たちが、家を離れてもなお犬や猫と暮らしたいと熱望する老人の心の支えになってくれるのだから。

支えという漠然とした言葉で記したが、アニマルセラピーが認知症に対して効果があるという論文は数多く発表されている。実際、「さくらの里」においても、犬や猫たちと日々ふれあうことで認知症の症状が回復していった例が、いくつもあるのだ。

ちなみに、僕のうちの犬、豆柴の「センパイ」は3年ほどセラピードッグとして登録していた。うちの奥さんとともに老人養護施設に時折行っていたが、毎回、老人たちの笑顔が弾《はじ》け、嬉しさのあまり涙する人もいたそうだ。

日本全国で殺処分されている犬や猫は、2021年度だけで1万4000匹というデータがあったが、これでも年々減り続けているのは確か。僕がプロデュース&構成した書籍『犬と、いのち』（渡辺眞子・文、山口美智子・写真／朝日新聞出版）刊行時の2010年度では20万匹という数字だったが、それでも当時、「かなり減ってきてはいるものの」と言われていた。実際、ネットには1974年度で120万匹という膨大な数字まで残っている。

この保護犬・保護猫、殺処分問題については、紙数の都合で本書で深く踏み込まないが、「さくらの里」の存在を通じて、多くの人に関心を持ってもらえればと思う。

自室のベッドで、保護猫からの「あお」(P132)としあわせな時をおくる深雪さん。

「同伴入居」で余命3ヶ月が10ヶ月に
そのチロも飼い主のもとに召され

キャラメルみたいな薄い茶色、ふわっふわの毛並みは綿菓子のようで、そこからちょこんと伸びる小さな脚、煮豆を思わせる真っ黒ツヤツヤの目と鼻。目覚めて起き上がりとことこと動き出すと、まるでぜんまい仕掛けのおもちゃのようなポメラニアン。そんな「チロ」のあまりの愛くるしさに、じっとファインダーを覗きながら（P47）思わずため息とともに声が出た。「かっわいいなあ……」。

「俺はチロに看取られたいんだよ」。口グセのようにいつもはっきりそう言い続けた山口宣泰さんは、この子と同伴入居してきた時、末期がんだった。2015年11月、余命3ヶ月という宣告を受けたあとに入居するという前代未聞のケース。それは、病院での治療もホスピスでの延命もいっさい切り捨て、ただただ、愛する犬と一緒にいると決断したことを意味する。

生《せい》を受ける時間は引き延ばさなくていい、最期を迎える時に人生に悔いを残さないのはチロと離れないこと。それが、自らのいのちへのご褒美《ほうび》と考えたのか。

入居当日にはまだ杖をついて歩けた山口さんは、チロと散歩に出かけて、職員たちを驚かせたが、2週間後には歩けなくなり車椅子生活に。するとチロはいつも、山口さんの膝の上に乗って過ごした。撫でてもらうと顔を見上げて嬉しそうにしている姿は、本当にしあわせそうだったという。

山口さんの口グセがもう1つあった。「少しでも長くチロと一緒にいられるようにがんばるぞ」。そのために食欲がないのに食べていて、大きらいなピーマンを口にしているところを目にした娘さんは相当驚いていたそうだ。

こんな強い意志は、結果に対して嘘をつかなかった。3ヶ月と告げられていた終着点は、チロと一緒にいられる多幸感からだろう、ずっとずっと延びていった。

しかし入居から10ヶ月、最期の時は訪れる。ベッドの上で胸元に寄り添うチロ、それを見て嬉しそうに笑う山口さんが、震える手を伸ばして相棒を撫でる。そのあと、チロに看取ってもらうという念願が叶い、しあわせを胸に旅立っていった。

「さくらの里」への置き土産は、「チロのことを最期まで面倒みてやってくれよ。ここがチロの家だから」という言葉だった。

チロはそのあとホームの犬として暮らした。そして6年5ヶ月が経った2023年、お屠蘇《とそ》気分が残る1月5日、山口さんのもとに召されていった。享年15。今はまた毎日、膝の上に乗って山口さんの顔を見上げているだろう。

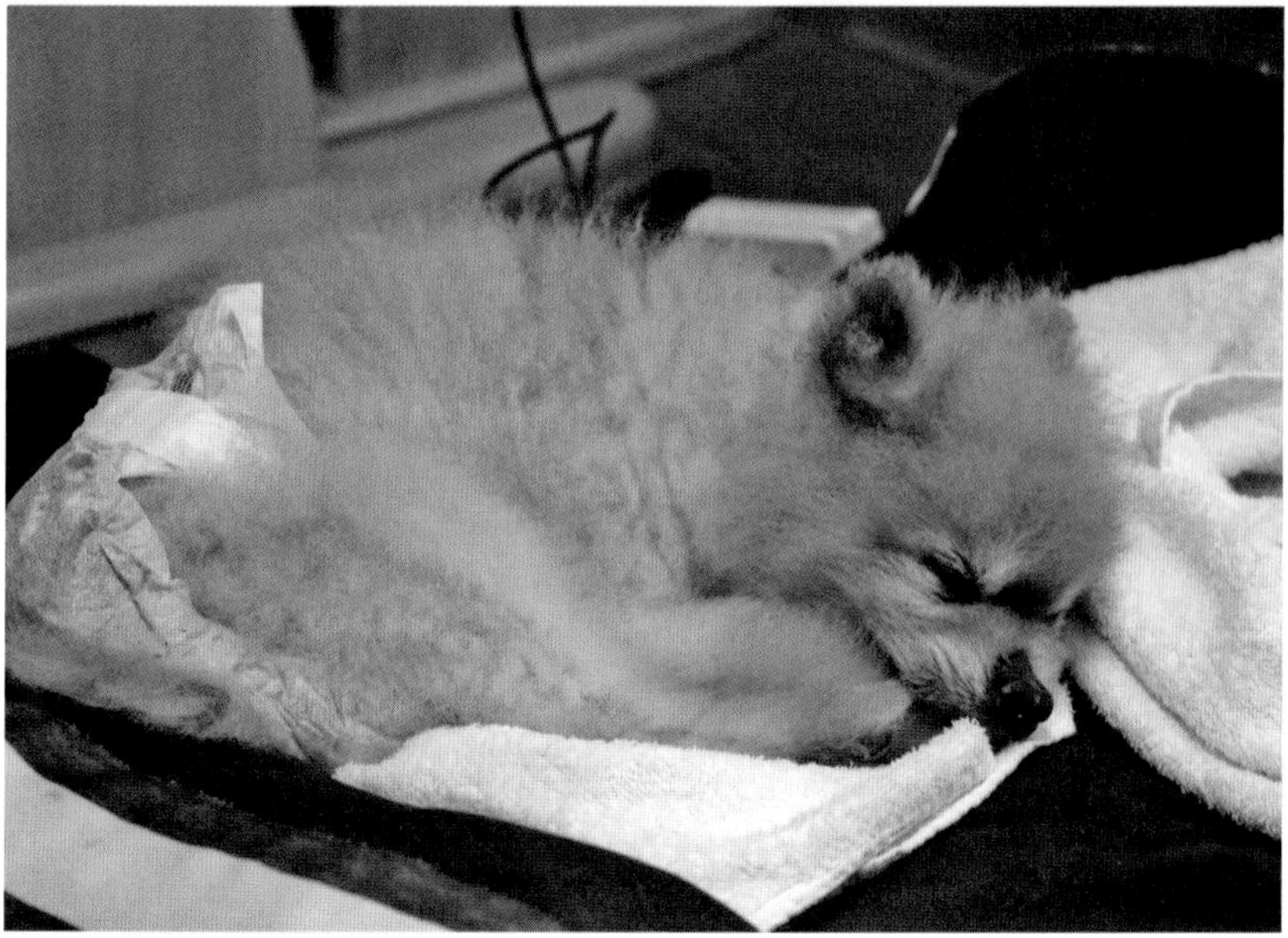

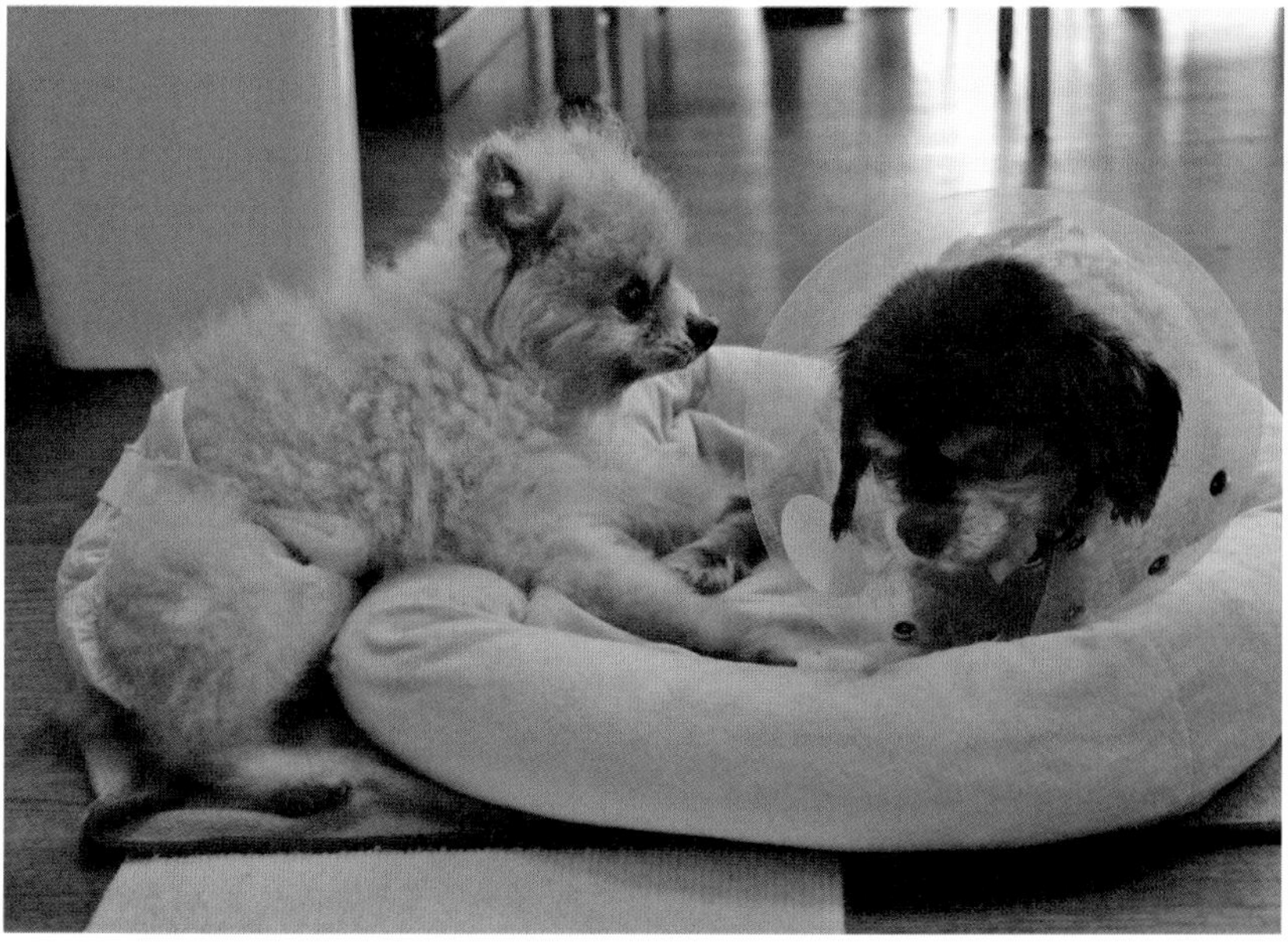

ポメラニアンのチロ。余命3ヶ月だった飼い主・山口さんとともに
2015年に同伴入居。2023年1月5日、山口さんの待つ天国に召された。
横にいるのは、仲良しのルイ(P48)。

ルイはチロと寄り添って眠り
親友の犬を犬が看取った

眠っていて動きのないチロにレンズを向けている時、同じユニットで暮らす「ルイ」がすぐそばに来た。濃い茶色の雑種。チワワとキャバリアのミックスのように見える、チロと同程度の小型犬だ。高齢で、ベロがうまく収まらず口からちろっと横に出ているところとか、後ろ脚が弱っていてお尻をぺたんと床に落として座る姿がなんとも愛くるしく、そおっと抱きかかえたくなる（P51）。

同伴入居のチロと違って、ルイは保護犬からではあるが、「ちばわん」経由ではなく、「さくらの里」の地元・横須賀の山科で保護されやって来た。一人暮らしの高齢の飼い主が亡くなり、その方のケアマネジャー（介護支援専門員）から縁がつながりホームにやって来たという経緯だ。この前年にも同じケースで来た「ジロー」がいた。人間もだが、犬も猫も同様で、入居に至る経緯はさまざまなのである。

山口さんを失ったチロ（P44）は、時折ユニット入り口をじっと見ていた。施設長の若山さんにはその姿が、帰らない主《あるじ》に思いを寄せているように感じられたそうだ。

そんなチロの心を癒やす友だちができた。仲良くなっていったのは、同じ小型犬で年齢も同じルイだ。特に絆《きずな》が深まったのはともに高齢になってから。

人間同様、犬も普通の食事が摂《と》れなくなると、流動食のように食べやすくしたものを与えることになる。２匹ともそんな状態だった。僕が取材で何度も訪れていた２０２２年秋には、平均年齢を超えかなり弱っていたルイ。獣医さんから、もう長くないかもしれないと言われていたらしい。

しかしある日、与えられた食べ物を口にしなくなったルイが、チロが食べているところに寄っていったのだという。すると、ふだんはほかの犬が食べ物に近づくと吠えているチロが、自分の分を譲ってあげていたのだと。自分のベッドにも、ほかの犬が入ることを許さない気の強いチロが……。

こうしてルイは食事ができるようになり、いのちの危機を脱した。さらにチロは自分のベッドにルイを招き、２匹で寄り添って眠るようになっていった。

チロが山口さんのお迎えに導かれた日。職員が、リビングのベッドで2匹が寄り添って寝ている姿を見たのが夜9時30分。チロの息が止まっていたことに気づいたのは、その20分あとのことだった。老いてできた大親友のあたたかさをたっぷりと肌で感じながら、友にさよならを言って旅立ったチロ、見送ったルイ。

犬が犬を看取る奇跡。僕は図らずも撮っていた2匹の写真（P47）を見返した。

2014年に「さくらの里」の地元で保護されやって来た推定15歳のルイ（P48）。

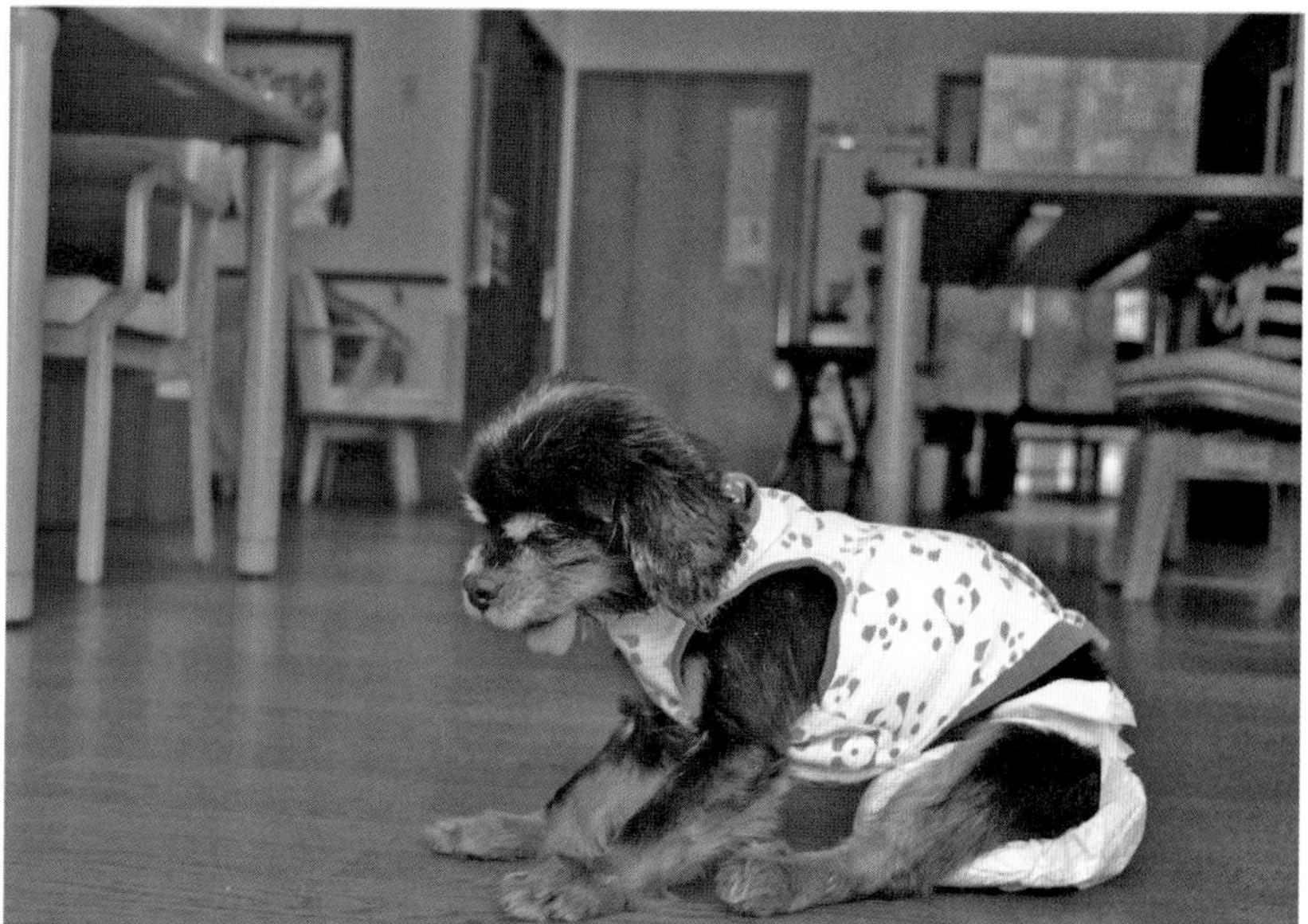

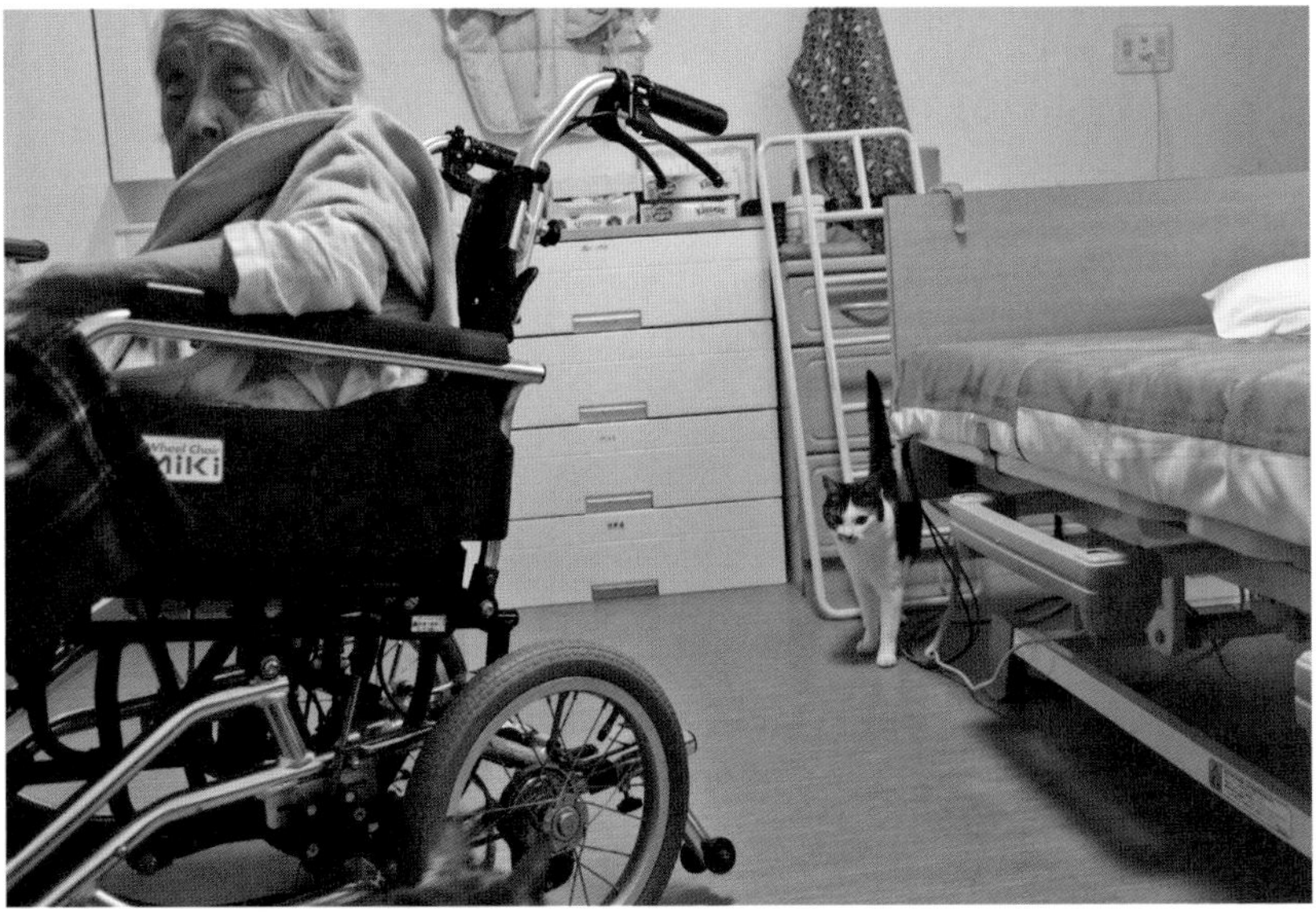

ムギ（P54）は同伴入居でやって来たが、その飼い主の大山さんが亡くなった。
写真は、そのあと同じ部屋に入居した相倉さんと仲良く過ごしているところ。

人と2度のお別れを超えて
三代目の同居人と密に過ごすムギ

カメラを手にした僕を導いてくれる施設長の若山さんが、個室のドアをゆっくり開けると、ベッドで穏やかな寝顔で眠っていたのが則子さん。うっすら目を開けたので、若山さんが一声かけてから布団の上のほうをそっとめくる。すると中から、鼻の横にある模様がなんとも愛らしい、きょとんとした顔が現れた。

この「ムギ」は同伴入居でやって来た猫だ。2019年2月だから、まだ4年半前のことなのだが、その時この部屋で暮らしていた人は、則子さんではない。

ムギと一緒に来たのは、大山安子さん（仮名）という80代の方だった。しかし、しあわせな日々は長くは続かず2021年に大山さんは逝去。すると、愛する人を失って残されたムギは、部屋から出ようとしなくなった。

一般的に「犬は人に付き、猫は家に付く」とよく言われるが、それはけっして当たっていないと、若山さんは言う。「さくらの里」の共同生活空間で猫を見続けてきて確信を持ってそう思うのだと。引っ越しをくり返した猫であっても飼い主への強い愛で寄り添っていくし、どの猫も主を亡くせば悲嘆にくれる。

そしてムギは、たいへん珍しい「人にも家にも付く」猫なのだ。

ムギが〝付いた〟部屋に大山さんの次に入居したのは、保護猫をたくさん飼って新聞に取り上げられたほどの猫好き、相倉ときさん。ムギにとって再び、ともに個室で過ごす楽しい暮らしがスタートした。僕が2022年秋に訪ねた時には、相倉さんの膝の上でくつろぐムギの姿を写真に残すことができた（P52）。

しかし相倉さんは、かなりの高齢であったため、2022年11月6日に逝去された。ムギにふりかかった2度目のお別れという試練。またもや部屋から出なくなったムギ。個室で孤独に佇《たたず》む姿を見て心配する職員が入っていくと、体をすり寄せ、じゃれてきたそうだ。やはり寂しかったのだろう。

しかし、10日後の11月16日、三代目となる同居人・則子さんがやって来て、現在は密な時間をムギと共有している。僕は6月に伺い、新たなパートナーとの姿を撮影させてもらった。ベッドで寝ているとずっと布団の中に入っているらしい。目覚めて床に降りてくると、カメラを構える僕にすりすりとくっついてくる、ちょいちょいと手を伸ばしてくる。部屋からほとんど出ないで過ごすムギだが、じつはかなり人懐っこい性格なのだ。家にも付くが、心は人にもべったりと付いているはず。

現在8歳とまだ若いムギ。これからたくさんの人に付くことだろう。

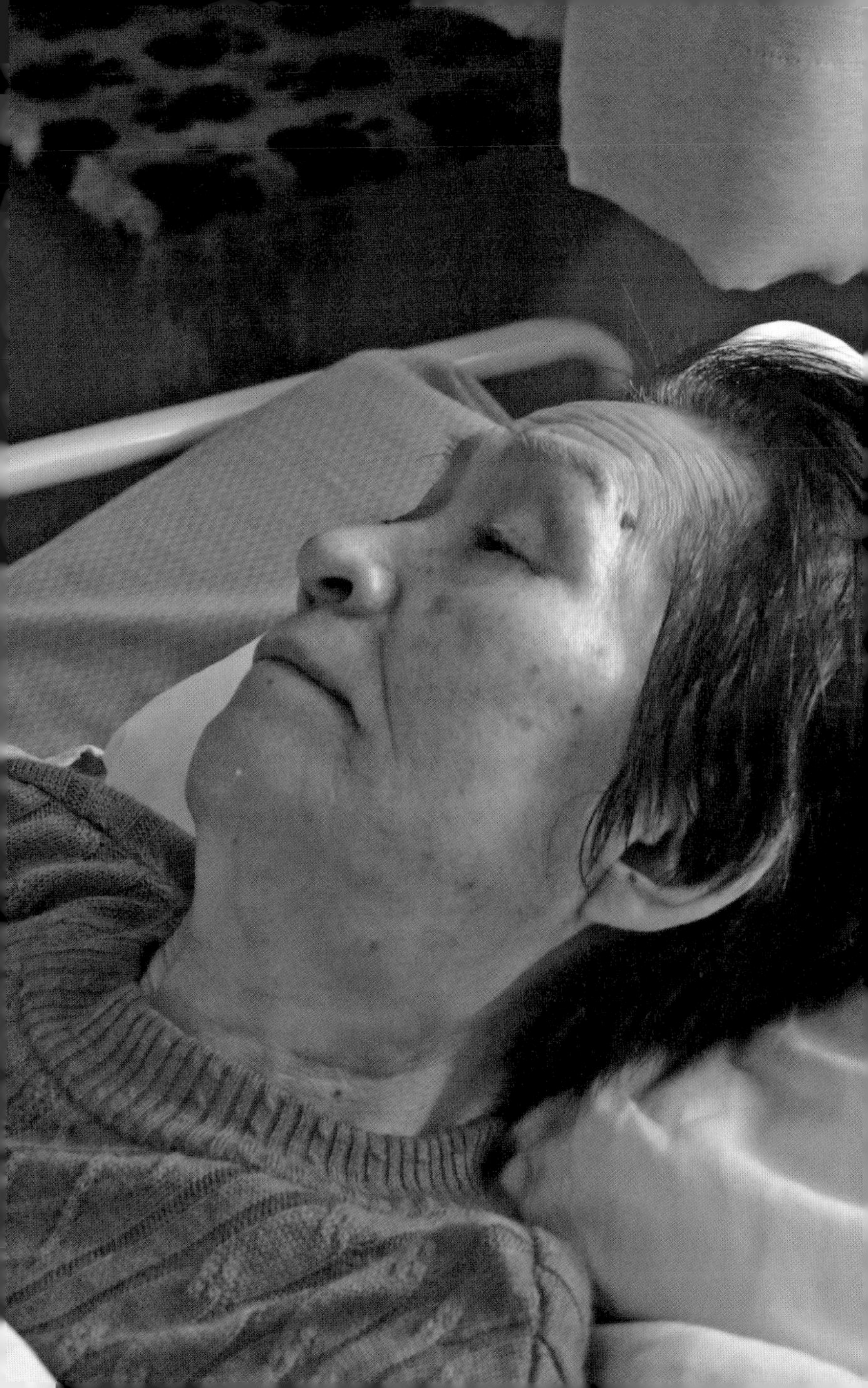

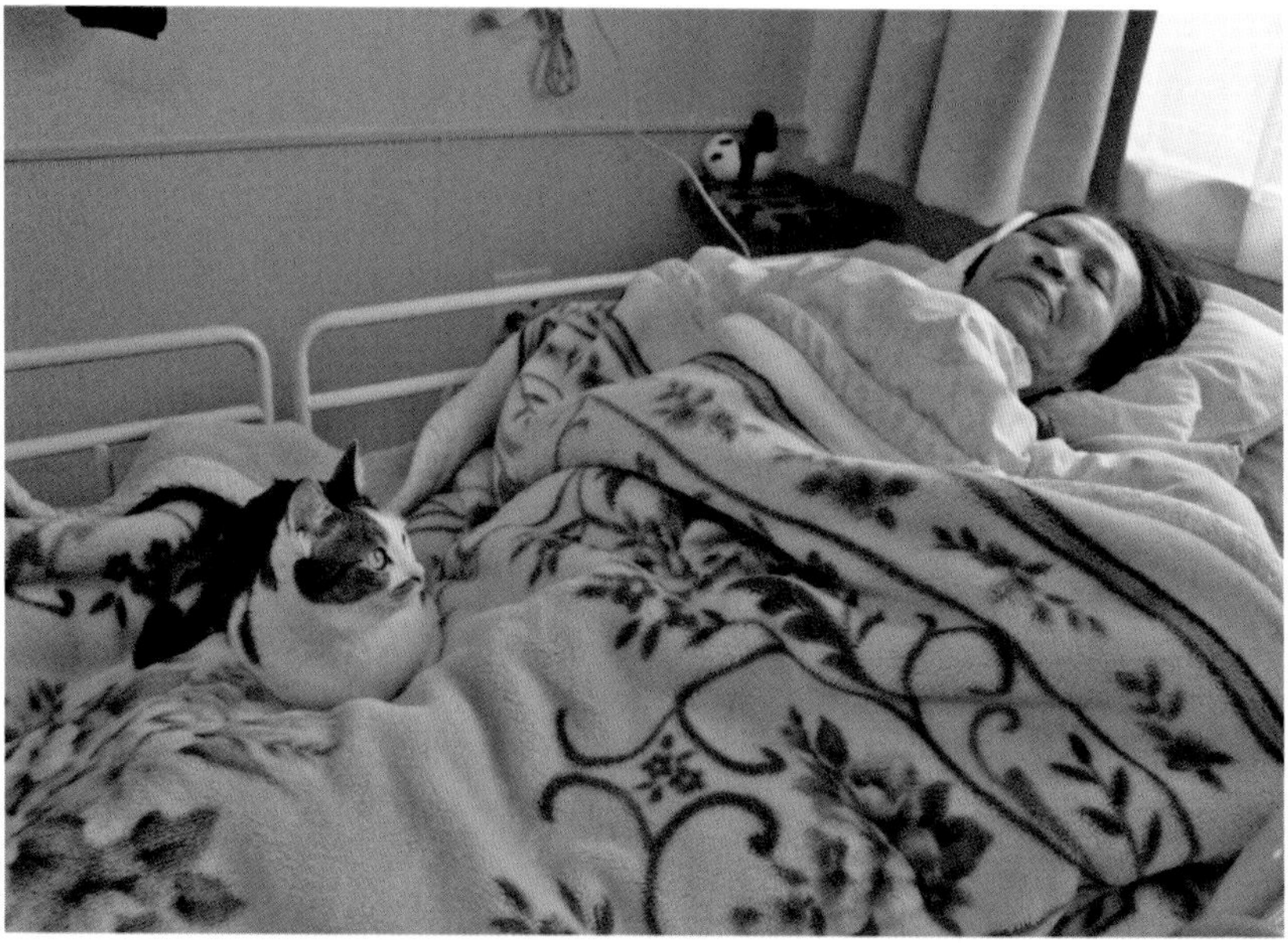

ムギの２番目の同居者となった相倉さん（P52）が亡くなったあと、
同じ部屋に入った則子さんのベッドで１日の大半を過ごす。

福島原発事故で保護され
ホームに来た震災犬と震災猫

僕が最初に「さくらの里」を訪れた時、いちばん胸を打たれたのは、じつは生身の犬猫人ではなく、リビングの壁に貼られた大きな写真だった。

東日本大震災による原発事故では、避難指示区域となった場所に置き去りにされてしまった犬や猫が数多くいた。その保護に尽力《じんりょく》していたボランティアの人たちの活動はSNSやネットの記事で知っていた。僕の知人にも、震災後間もなくから現地に何度も乗り込んでいた女性がいて、その様子を画像で見ていたから、壁に貼られた写真を見た瞬間、ピンと来た。置き去りにされた犬が救出されたシーンだなと。

もう1枚貼られていた写真の右上にある手書きメモにはこう記されていた。

「むっちゃん ふるさと 福島 ならは町　お父さんわんこと ずっと飼い主さんを待ってました…　保護された瞬間の写真です… この瞬間 命を助けられ安心したお顔でした　山科で2年 幸福に生活しました　H26・5・21永眠」

この文面と、2枚の写真。それだけで胸がいっぱいになった。だから本書にも、まずはそのまま転記することにした。多くは語らずとも深く刺さるはずだから。

この2匹を救い出した男性は、被災地で精力的に活動していた動物愛護団体「犬猫みなしご救援隊」のボランティアスタッフ。場所は、福島県楢葉《ならは》町。

おそらく食べ物の奪い合いでもしたのか、大けがをしていた「むっちゃん」。救出が遅れたらいのちはついえていたはず。保護されたあとは同団体のシェルターで看護を受けて回復したものの、持病があって引き取り手が見つからなかった。

ちょうどその頃、施設長の若山さんが「ちばわん」に、被災犬・被災猫を引き取りたいと申し出ていた。「ちばわん」が「犬猫みなしご救援隊」と懇意《こんい》にしていた縁で、2012年6月、むっちゃんは「さくらの里」にやって来た。

真っ白でふわふわしていておとなしいむっちゃんは、ホームの近所に散歩に出かけると、子どもたちの人気者となって、みんなが遊びに来てくれるまでになる。そうして穏やかに暮らしたが、そもそも高齢で、被災地のサバイバル生活の影響もあったのか、2014年5月、静かに旅立っていった。

また、むっちゃんが来る2ヶ月前には、被災猫の「福美」（当時の推定7歳）がやって来ていた。美人猫だったが、こちらも2017年12月に天国に。よく窓際のカーテンの内側で日向ぼっこをしていたという。そこで日々、自分が育った福島の家と、愛してくれた飼い主を思い出していたのかもしれない。

一緒に
道草
楽しいね

2－1のかわいい仲間たち
文福
大喜
ココ
ジロー

2-2ユニットで暮らしています
チロ
ルイ

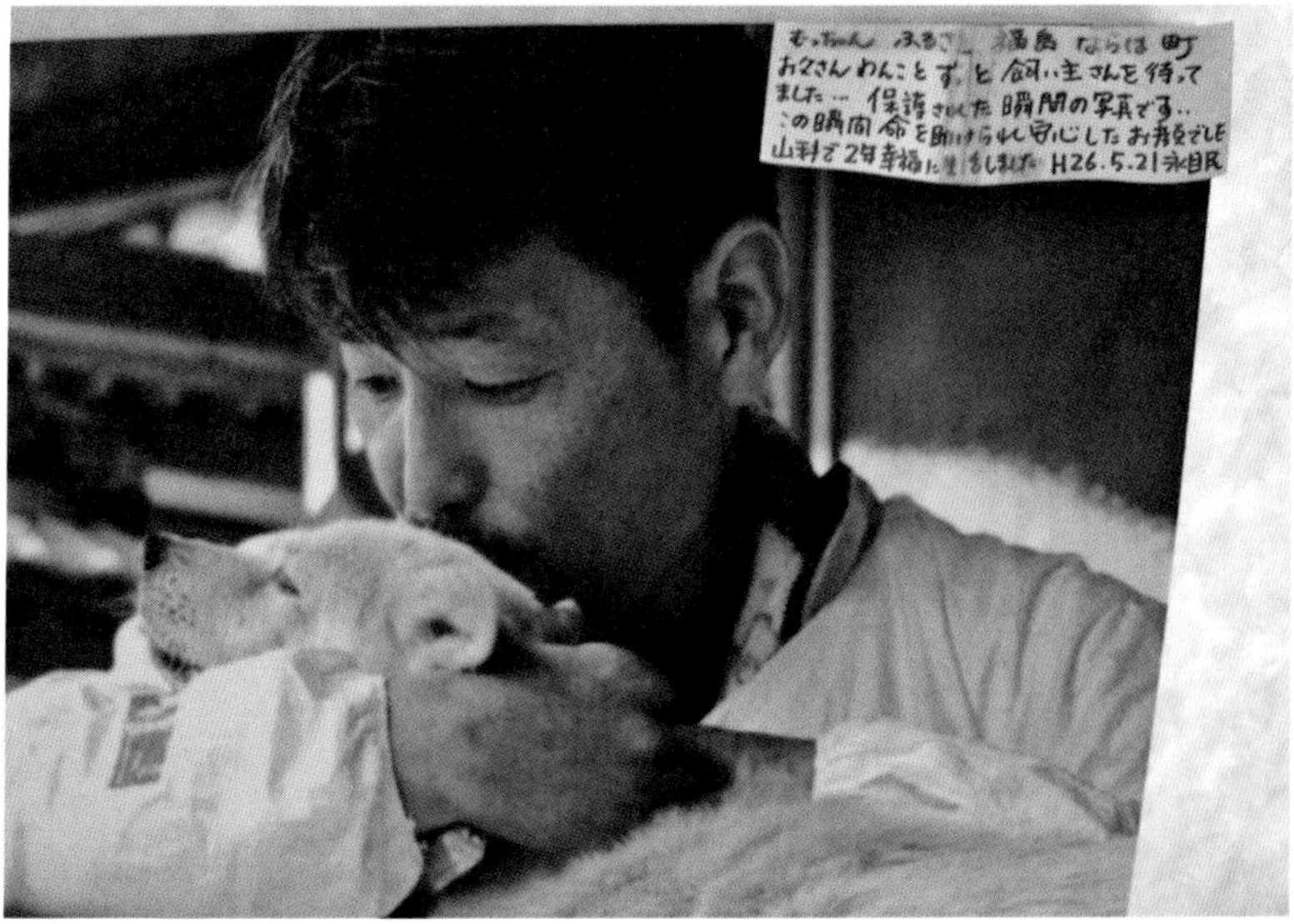

館内に貼られている大きな写真は、2012年に来たむっちゃんが、
東日本大震災後に保護された瞬間のもの。右上に書き込まれた職員さんのメモが胸を打つ。

お散歩ボランティアは犬が大好き
施設裏のドッグランで生き生き

最初に長時間の撮影をした2022年10月4日。ちょうど、長年、お散歩ボランティアをやっている石井恵子さんが来て文福を散歩に連れて行く日だったので、同行させてもらった。施設を出て山側に上りつつ周回し、戻って来るコースだ。

午後4時近く。ユニット内でカラーとリードが出てくるともう、文福はすべてわかっているようで、顔はきらきら、体の動きがしゃきしゃき。ユニットリーダーの出田さんに導かれ施設玄関に向かうと、ドアの向こうで待機しているボランティアさんを見つけ、この時点で文福はもう飛んだり跳ねたりの興奮状態。よほど嬉しいんだろうなあと見とれてしまう。

「さくらの里」では、昔からたくさんの〝ボラさん〟が犬の散歩を担当してくれている。週に何度も来る人もいれば、都合がつく時に無理をせず、という人も。回数、頻度、期間などさまざまだが、みなさん、このホームの存在を知って応援している人たちだ。もちろん犬が大好きな。

文福は、リードを受け取った石井さんを引きずるように、玄関ドアが開くか開かないかのうちに鼻先でこじ開ける勢いで外に飛び出していった。道に出ると、すかさず植え込みに入り、さっと後ろ脚を片方上げておしっこ。そして散歩中、笑ってしまうぐらい、これでもかというほど何度にも分けて用を足していた。

舗装路から細い土の道に入って小さな公園へ。蛇口《じゃぐち》から落としてもらう水をおいしそうに飲む。すっと丘が現れ、かなりの勾配《こうばい》がある石段を上る。竹やぶの中に伸びる2つの影。そして、柵で囲われた道を進むと突端《とったん》でひと休み。

傾き始めた秋の陽射しを受けて佇む犬と人。静寂。見上げる犬。見つめる人。長いあいだくり返されてきた信頼感、無言で深いコミュニケーション。

そんな濃密な時間は40分ほど過ぎていき、文福はユニットに帰っていった。

このような散歩と別に、「さくらの里」の犬たちが楽しみに待っているのが、施設裏手の空き地を使う、朝夕2回のドッグランだ。出田さんとともに裏に出た文福の姿をカメラで追う（P128）。散歩同様ここでも、生き生きとして走り回る文福。行き止まりまで猛ダッシュし止まって振り返ると、また全速力で戻ってくる、そのくり返し。「マテ」をしたあとにもらえるおやつを覗き込む目が輝く。

ユニット内では哲学者よろしく思慮《しりょ》深い顔でいることが多い文福だが、散歩でもドッグランでもとても無邪気な顔になる。まるで、子どもがえりしたようだった。

たくさんの
お散歩ボランティアの方が、
かわるがわるやって来て、
午後の散歩に向かう。
生き生きとして
歩みを速める文福。

障害、病気…そんな犬猫から生への勇気をもらって

同じ猫ユニットで暮らすタイガとかっちゃん。タイガの曲がった右前脚と、かっちゃんの左後ろ脚については前述したが（P24）、仲良しになったのは、どちらも障害があるからなのかは、わからない。けれど、そうではないかと僕は思う。

2匹とも「ちばわん」で保護された時点で人に慣れていたから、野良猫ではなく飼い猫だったと思われる。どちらもきれいでおとなしいのに、障害がある猫はなかなか引き取り手が見つからず、施設長の若山さんは迎え入れることに決めた。

きれいな猫なのに「さくらの里」に来た時すでに障害の症状があったということは、障害があることで捨てられてしまったのではないかと想像がつく。考えただけでも胸が締めつけられる。

犬猫のこういう事例に限らず、自然界の動物保護問題における人間の非道も、考えると怒りが込み上げてくるし、動物たちへの深いお詫《わ》びの気持ちも湧き上がる。

2匹は障害を感じさせないように動く。棚の上にジャンプするし、じゃれたり追っかけ合ったりもする。そんな姿を見ている老人たちは、タイガとかっちゃんから

勇気をもらっている。車椅子生活になって元気がなくなった人が見違えるように生き生きし始めたという。また、自分の子どもがなかなか来てくれないと言い募《つの》っていた人が、「あの子たちのけなげな様子を見ているうちに寂しくなくなってきた」と言うようになったこともあった。

このホームの11年間で、老人たちを癒やし、元気にさせ、寿命を延ばした例は、タイガとかっちゃんに限ったことではなく、たくさんあったことだろう。もちろんそれは、障害があるなしとは関係なく。

たとえば僕が撮影している時でも、首にエリザベスカラーを巻いた犬と猫、おむつをして歩いている犬、歩けなくなった犬、目が見えてないかな、とか、衰弱が進んでいるな、と感じさせる犬猫などが、リアルに目の前にいた。

人間側から見ると普通は「大丈夫かな」とか「かわいそう」と思ってしまいそうだが、それは見当違いというもの。どの犬猫も、今をただ一生懸命にまっすぐ生きている。その姿が素直に心にすっと入り込み、人は勇気づけられるのだろう。

老いた人間がいる。その横に老いた犬と老いた猫がいる。そしてともに、手を取り合って老いていく。人と犬と猫。みんながみんなを思いやり、いたわる、あたたかな気持ちで最期を迎える。そんなユートピアがここにある。

右：プリン(P124)は2021年に同伴入居。
左：タイガ(P24)の右前脚が曲がっているのは、
保護される前に誰かに傷つけられたのかもしれない。

伊藤さんに抱きしめてもらう、
真っ白な毛並みが美しい
かっちゃん(P24)。
後ろの左脚に麻痺がある。

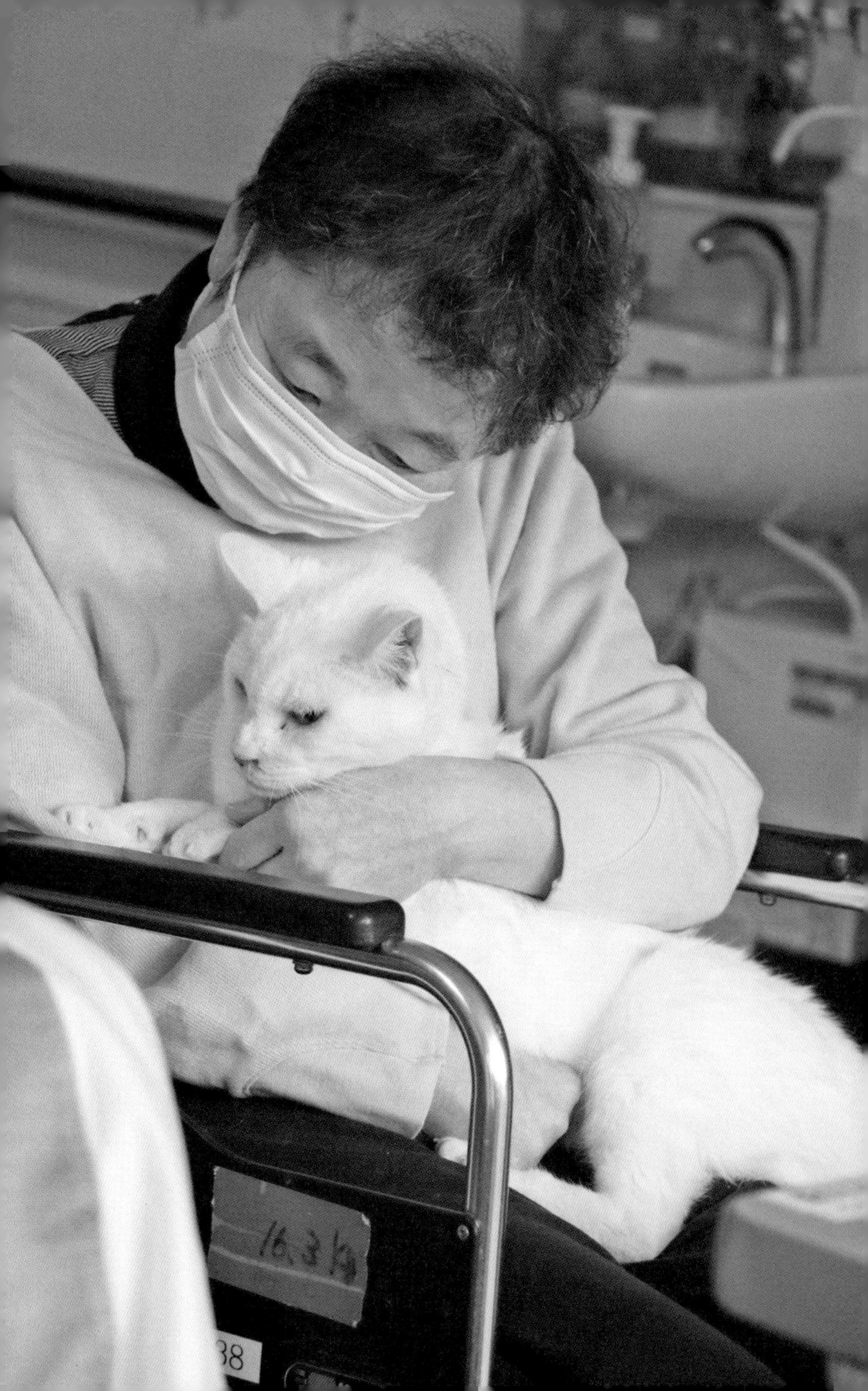
16.3kg
38

カートに乗る練習を始めた大喜は
文福と同じく保護犬で一期生

本書撮影中、僕がもっとも長い時間見ていたのは、「大喜」だ。もう1つの犬ユニットと猫ユニット2つに出入りしながらも、かなりの時間は文福と大喜が暮らすユニットに腰を据え、特に変化のない室内をずっと見回していたから。

文福と同じ、茶色い柴犬系の雑種で、中型から大型という体格も一緒。ともに保護犬からここに来て、推定年齢も当時3〜4歳と同じ。そして、入居時期も文福より2週間あとの2012年4月で「さくらの里」一期生、同期の桜である。僕が初めてここを訪れた時、〝門番〟として伏せていた文福の背後には、きょうだい同然に育ってきた彼が横になっていた。

大喜は文福と違ってケージに入ることがきらいで、夜でも入居者の個室に入っては眠らない。だから一日じゅう、リビングの決まった場所で寝ている。その日も、定位置に敷かれた毛布に四肢を伸ばし、安心しきった表情で目を閉じていた。

車椅子や手押し車で横を通る老人たちが、そんな大喜を見下ろして微笑んでいく。認知症で廊下を行ったり来たりしていた人は、寝顔を眺めているうちに愛おしさが抑えられなくなったのだろう、思わず手を伸ばしてそっと頭を撫でた（P76）。

横になったまま食事のお皿を口に運んでもらう。時折立ち上がると、水の置かれた場所までゆっくりと歩を進め水を飲む。そんな大喜を文福が、遠くで近くで、老人たちに対するのと同じ気持ちで気にかけている。それは文福の視線でわかる。

このユニットでは、ひがな一日、こんな光景がくり返されているのだ。

そんな秋が終わり、僕が次に訪れた２０２３年2月。この時は短時間だったのでじっくり観察できなかったが、口元に食事のお皿が置かれていた。ユニットリーダーの出田さんによると、自分で食べるのは難しくなったとのことだった。

次に向かったのが6月で、この時はついに自力で歩けなくなり、カートに乗る練習が始まったばかりだった（P１２１）。出田さんに乗せてもらうものの、まだ慣れてないからうまく進めない。そこがまたかわいくてぐっときてしまう。

うちの犬、豆柴のセンパイも、16歳を過ぎた頃にカート生活に入りもうすぐ2年。毎日その姿を見ていることもあり、大喜にも特別な感情が込み上げてきた。

文福と大喜が保健所の愛護センターにいた時の写真があり（P１５８）、表情からは絶望が伝わってくる。そして「さくらの里」に来た2匹は、人をしあわせにし、自らもしあわせに暮らす。今、大喜はその名のとおり、大喜びしているだろう。

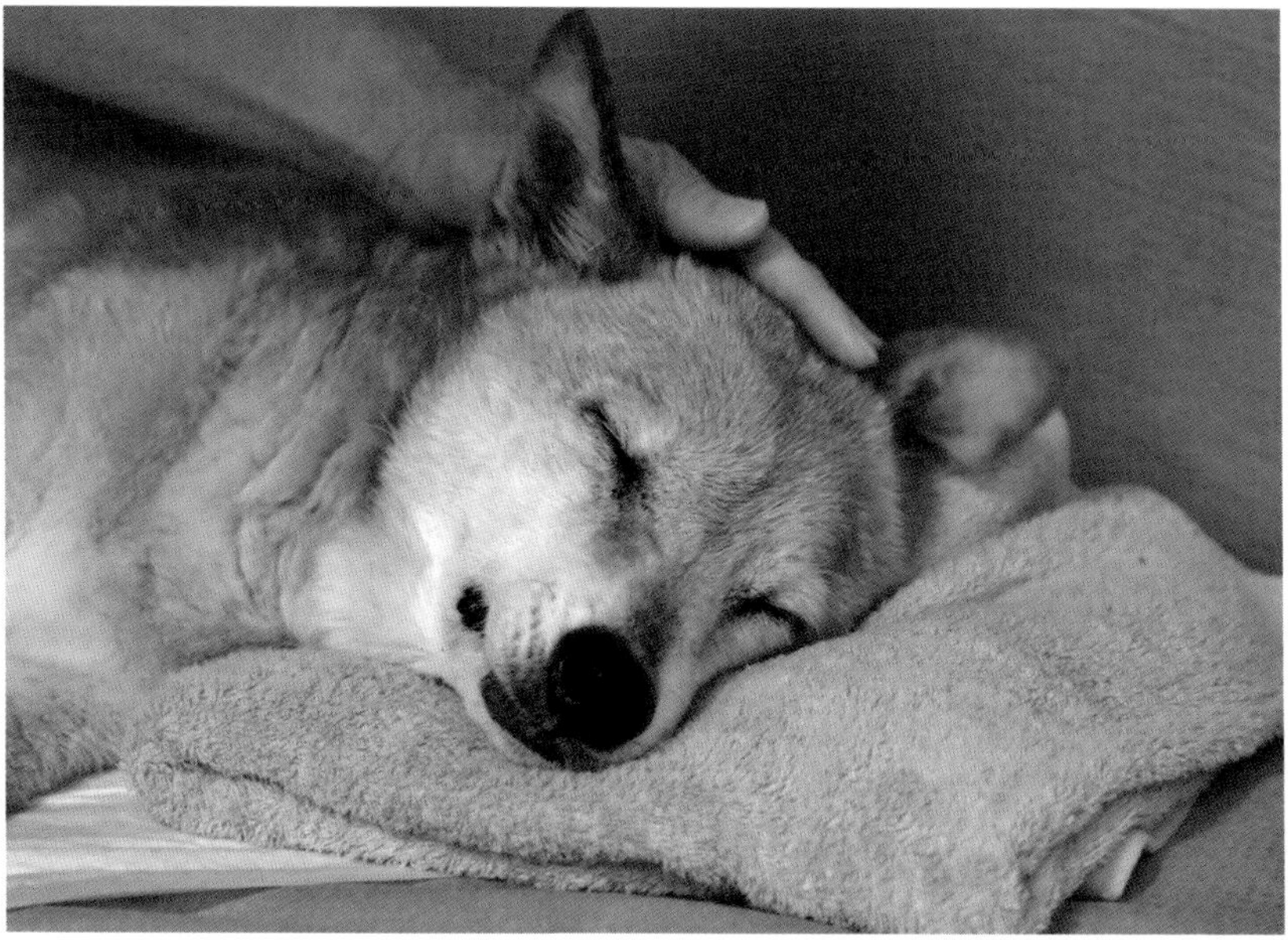

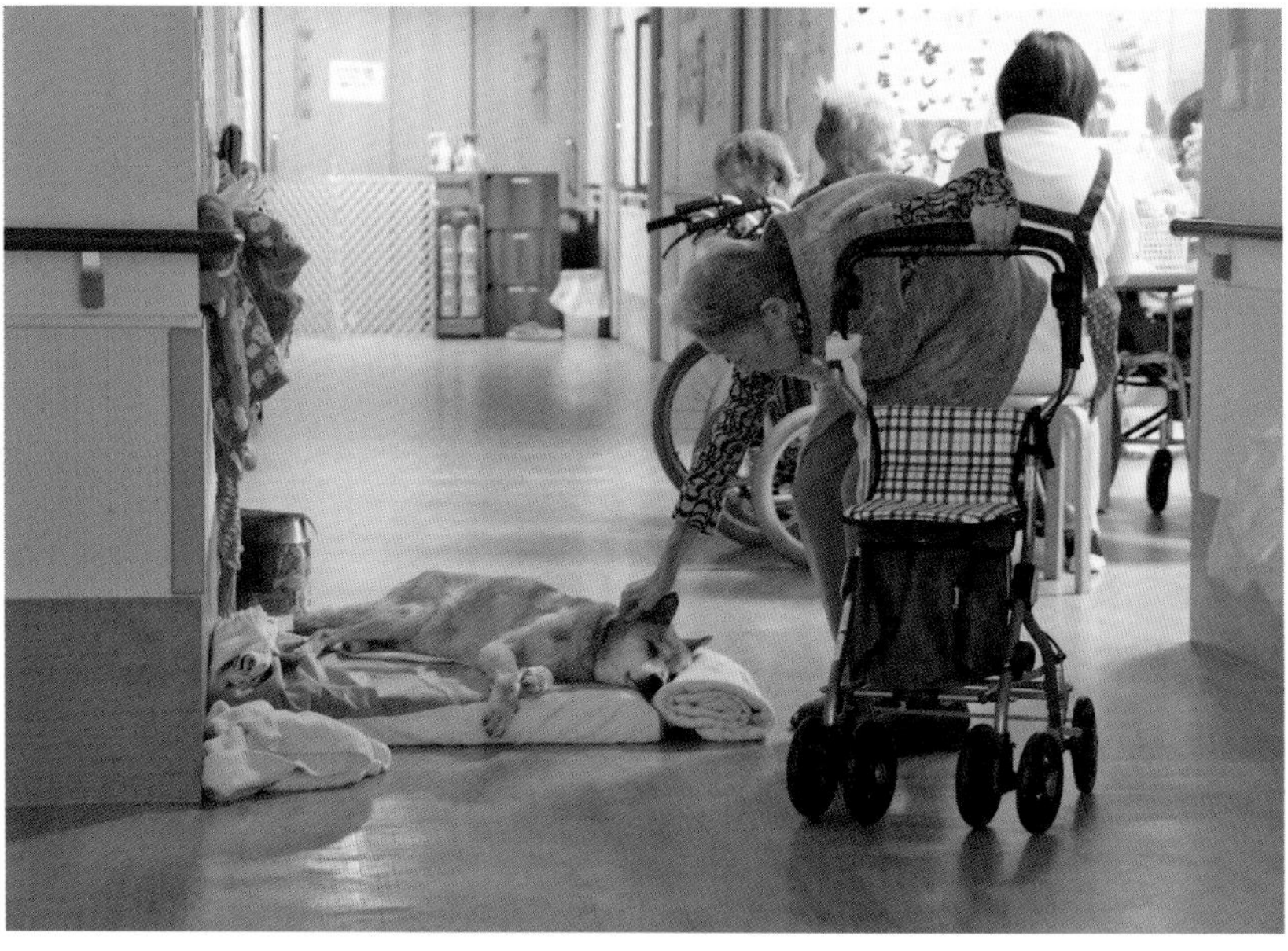

横になっている時間がほとんどになった大喜には、
入居者たちのあたたかい気持ちが届いているはずだ。

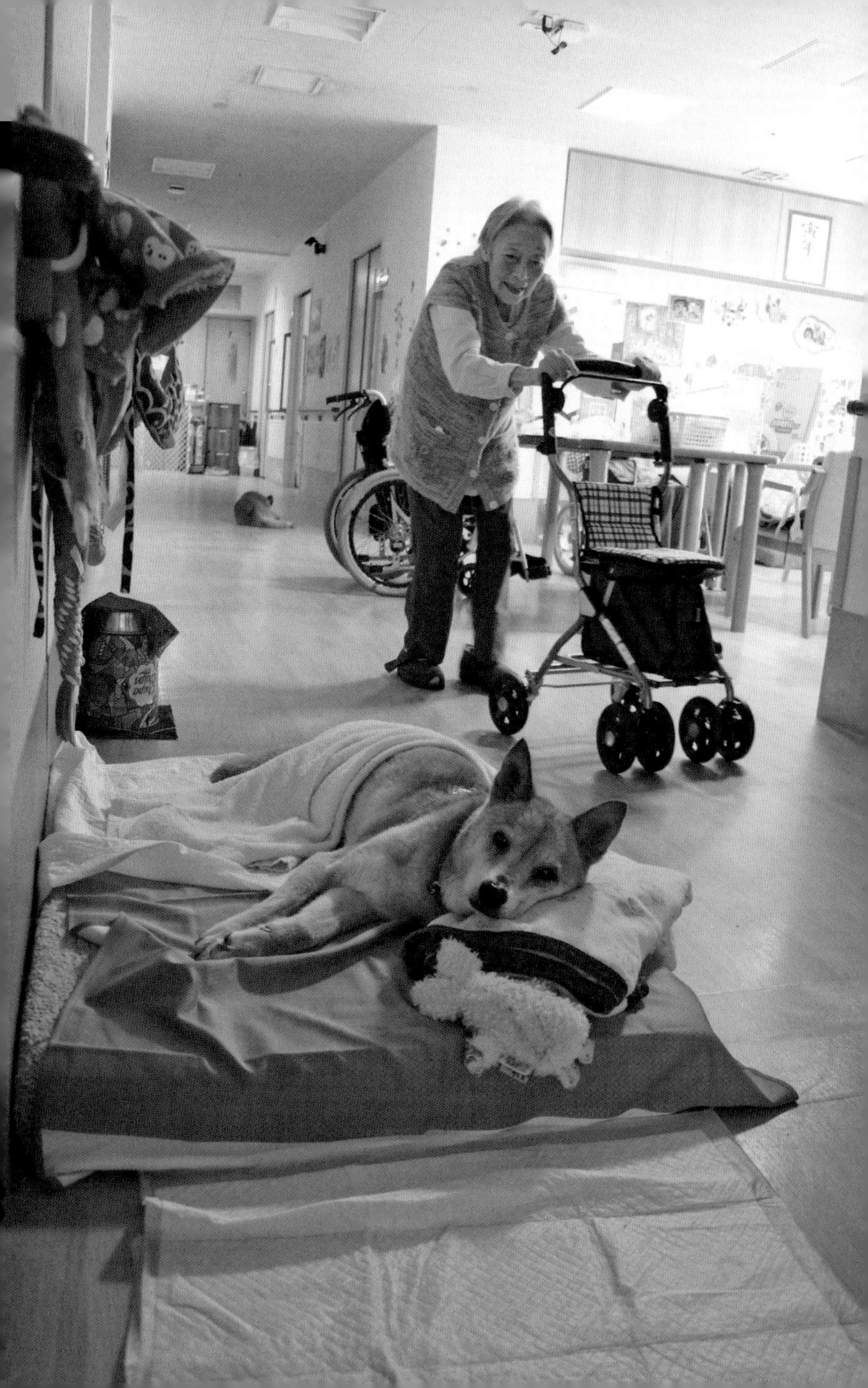

ともに、動物愛護団体「ちばわん」に
よって保健所の愛護センターから
救われてやって来た
大喜の老いた姿を、
家族のように見守る文福。

人間の食べ物を与えてしまう問題がミックへの愛情で解消した

撮影のたびに、犬ユニットのリビングで、いちばんちょこちょこと動き回っていたのが、ヨークシャーテリア系の白いミックス犬、「ミック」だった。小さめで、落ち着きがないところがまた、かわいい。彼は、リビングの大きなテーブルの下に潜って行ったり来たり。入居者が集まっていると、いろんな人の車椅子の足元に手をかけたりして、ちょっかいを出す。12歳になっているが、動きがこまごましていて雰囲気は完全ないたずらっ子である。

そのミックと同伴入居してきたのが、90代の女性、野澤富士子さん。それ以前は、ミックと二人暮らしだった。軽度の認知症で、息子さんが老人ホームに入ることを促《うなが》しても、「ミックを置いてどこにも行かない」の一点張り。転んでしまうと危ないから火を使う器具を家に置かないようにしていたら、ミックを抱いて寒さに震えていた状態にまでなり、2018年、緊急入居となった。

「さくらの里」に来たあと、ある問題が起こった。野澤さんはミックに、人間の食べ物を与えてしまうのだ。それは犬や猫にとって百害あって一利なし。体に悪いことはいろいろある。塩分・糖分が多く肝臓・腎臓を壊す、カロリー過多による肥満、臓器全般に負担をかけて病気発症、などなど。

昔は、犬に味噌汁ごはんをあげることなどは普通の光景だった。だから、高齢者にとってはそれが、犬の健康に悪いという認識がない。世代的にありがちな大問題であり、これは、いいと思ってやってしまっている「やさしい虐待」なのだと若山さんは言う。入居者のこの行為を目にした場合に職員は、根気強く説明し、目を配り、注意し、やめてもらうようにする。犬が長生きすることは、そのまま老人たちの健康に、しあわせに、向かっていくのだから。

職員たちのがんばりで野澤さんは少しずつ理解していって、認知症はじわりと進行しているものの、今では人間の食べ物を与えることはまったくなくなった。ミックに対する深い愛情があったからだろう。

撮影中、ミックと野澤さんは本当によくくっついていた。揃ってリビングに現れると、膝に乗ったり横のソファで見つめ合ったり。野澤さんが個室に入ると、一緒に入って行ってずっと籠もりっきり。撮影初日、野澤さんがおやすみ中に個室を覗かせてもらうと、ミックがベッド上で寝ていたが、目覚めると、窓の光を受けながら、見守るようにじっと寝顔を眺めていた姿が心に沁《し》みた（P82）。

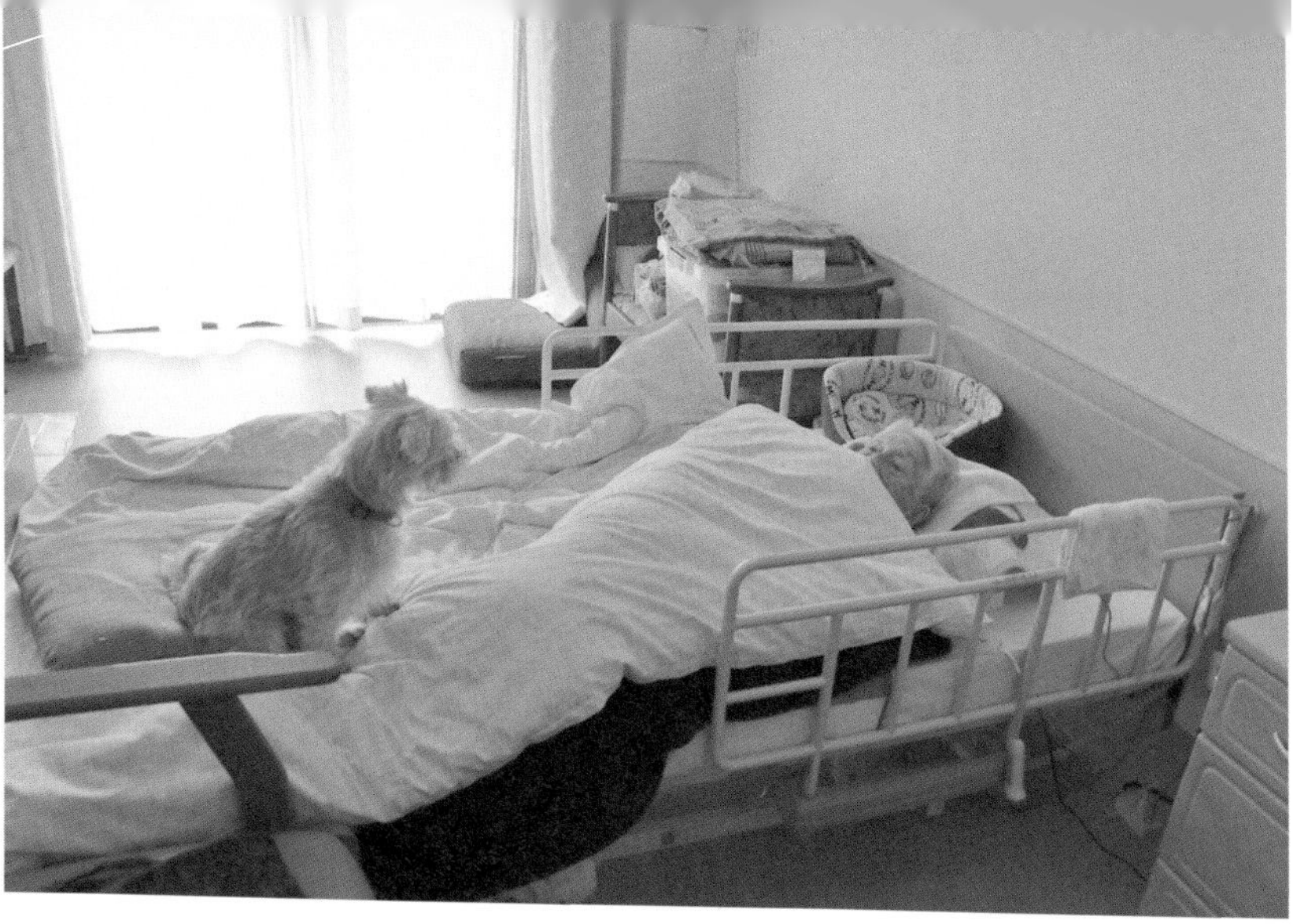

HEDGE
HOG

ミック（P80）と同伴入居の野澤さん。
いつも一緒にいる光景に心がほぐれる。

ミック（P80）はよく動く。
リビングでは特に楽しそうで、みんなの足元をあっちこっちと。

職員たちは人と犬猫の介護で仕事が増えても最上のやりがいを

取材している期間に完結する長編ドラマなどあるわけがない。だから当然、本書に出てくる胸を打つ話の数々は、長年の間に「さくらの里」であったできごとを聞いたり読んだりして綴っている。けれど、目の前で進んでいる状況そのものに僕が心掴《つか》まれたことが1つあった。それは、介護職員さんたちの仕事ぶりである。

「仕事」だといえば当然なのだが、老人にも犬にも猫にも同じように接し、一生懸命お世話している「役目」という感覚を超越した、1人の人間としての気持ち、行動。たんたんと、でもこまやかにケアする姿勢に大いに感銘を受けた。

すでに触れたように、僕が長時間過ごしたのは文福と大喜が暮らすスペース。大喜はほとんどの時間は横になっていて、自分でできることも限られ、ほかの犬に比べて手がかかる。食事、水飲み、排泄《はいせつ》、床《とこ》ずれ防止など、関わる仕事は当然増えるわけだが、それはユニットリーダーの出田さんの担当のようだった。

大喜の近くにいることが多かった僕には、その様子が自然と目に入る。何をする時も、出田さんの表情は変わらなかった。と書くと、にこにこしてとか微笑みながらとかいうイメージが湧くかもしれないが、そうじゃない。もちろん、やさしさをじゅうぶんに湛《たた》えてはいるが、あたりまえのことを普通にやっている、と感じさせる達観《たっかん》したような表情と所作《しょさ》で、大喜を抱えて起こしたり、食事を口に運んだり、トイレシートを替えたりしていく。急がず慌てず、でも、てきぱきと。

大喜について書くために出田さんの例に触れたが、犬と猫、4つのユニットで介護職員として働く方はみんな同じ。犬や猫を始終、かわいいと愛玩するのとは違っていて、だからこそ僕はぐっとくる。深いつながりがあるから、会話がなくても思いやりを感じ合える家族のような関係。人のみならず犬や猫にとっても、職員の方々は、ふだんは意識しないけれど、なくては生きていけない空気のような存在だ。

みなさん、じっとしていることはまったくないほど忙しい。それでも、お仕事の邪魔にならないように、遠慮気味な位置に立ってカメラを構えていると、さらっと「どうぞどうぞ」と声をかけて頂く。すれ違うと微笑んで「こんにちは～」。

入居者たちの食事、トイレ、話し相手など見えてくるだけでもいくらでもある業務。その合間で、老いたり衰弱したり病気になったりした犬猫も、人間に対するのと同じ気持ちでしっかりいたわっていく。そして、人も犬も猫も、看取る。

犬や猫と最期まで生きていたい人たちに寄り添う、最上級に誇り高いお仕事だ。

「さくらの里」開所時からずっと勤める職員の出田さんは、
犬ユニットで、人と犬をともにお世話する日々。

スターマー党首

ミーちゃんの「同伴入居」はケアマネジャーの英断から

僕が子どもの頃から家には犬も猫もいたし、今も両方と暮らしている。当然、大好きだから、仕事の意識で撮影していても、かわいいなあ、と感嘆し笑顔になることはしょっちゅう。そのかわいさにも方向性はあって、ルックスのかわいさもあれば、動きのかわいさも。また、弱々しいからこそかわいく感じたりもする。

そして、まんまる顔のミーちゃんのかわいさは独特だ。どっしり構え、ふてぶてしさも漂う貫禄《かんろく》の味わい。それが不思議にかわいいと思える。いつもリビングの大きなガラス窓の横に置かれた「ガリガリ」に乗ってまったりと横たわっている。寝ているのかいないのか微妙な顔つきが面白くて、ついつい、アップで撮りたくなりぐっと近づくが微動だにしない（P92〜93）。やはり大物筋なのだ。

三毛猫のミーちゃんは、立花コトさん（仮名）と同伴入居してきた現在13歳のメス。2020年3月に来たので、ここではまだ若手（!?）か中堅かというところ。入所時、同じユニットで暮らしていた猫は4匹いた。古株の祐介（P28〜）もいた頃だったが、新人らしからぬ堂々たる態度で4匹と接していた。先輩たちもミーちゃんを立てているようですらあり、女王様のように見えたという。

飼い主の立花さんは、同伴入居のパターンでのご多分にもれず、「ミーちゃんとは絶対に離れない」と施設に入ることを拒んでいた。そんな状況で「さくらの里」の入居申し込みに動いたのは、ご家族ではなくケアマネジャーだった。本来の業務ではないものの、親身になって、ここへの申し込みまで行ってくれるケースも時折あるのだという。

入居前、いよいよ認知症が進んだ立花さんの徘徊《はいかい》が始まってしまった。悪化していくと、外をさまよったまま行方不明になる例も少なくないとか。徘徊がひんぱんになっていく様子を見ていたケアマネジャーは、これはゆくゆく危ないことになりかねないから、入居させなければと決断した。

だが、この時、立花さんの介護認定基準は「要介護3」だった。特別養護老人ホームに入れるぎりぎりのライン。申し込み者には、要介護4や5の人がたくさんいて順番待ちという状態。しかし、施設長の若山さんと職員たちは、まず衛生面が劣悪になり、やがて生活そのものが破綻《はたん》していくというパターンを考えて入居を決定した。

こうして、個室にいがちな立花さんと、リビングにいることが多いミーちゃんの、いい意味で自然な関係の、しあわせな暮らしが始まった。

堂々としたまんまる顔の三毛猫のミーちゃんは、2020年に同伴入居で（P90）。

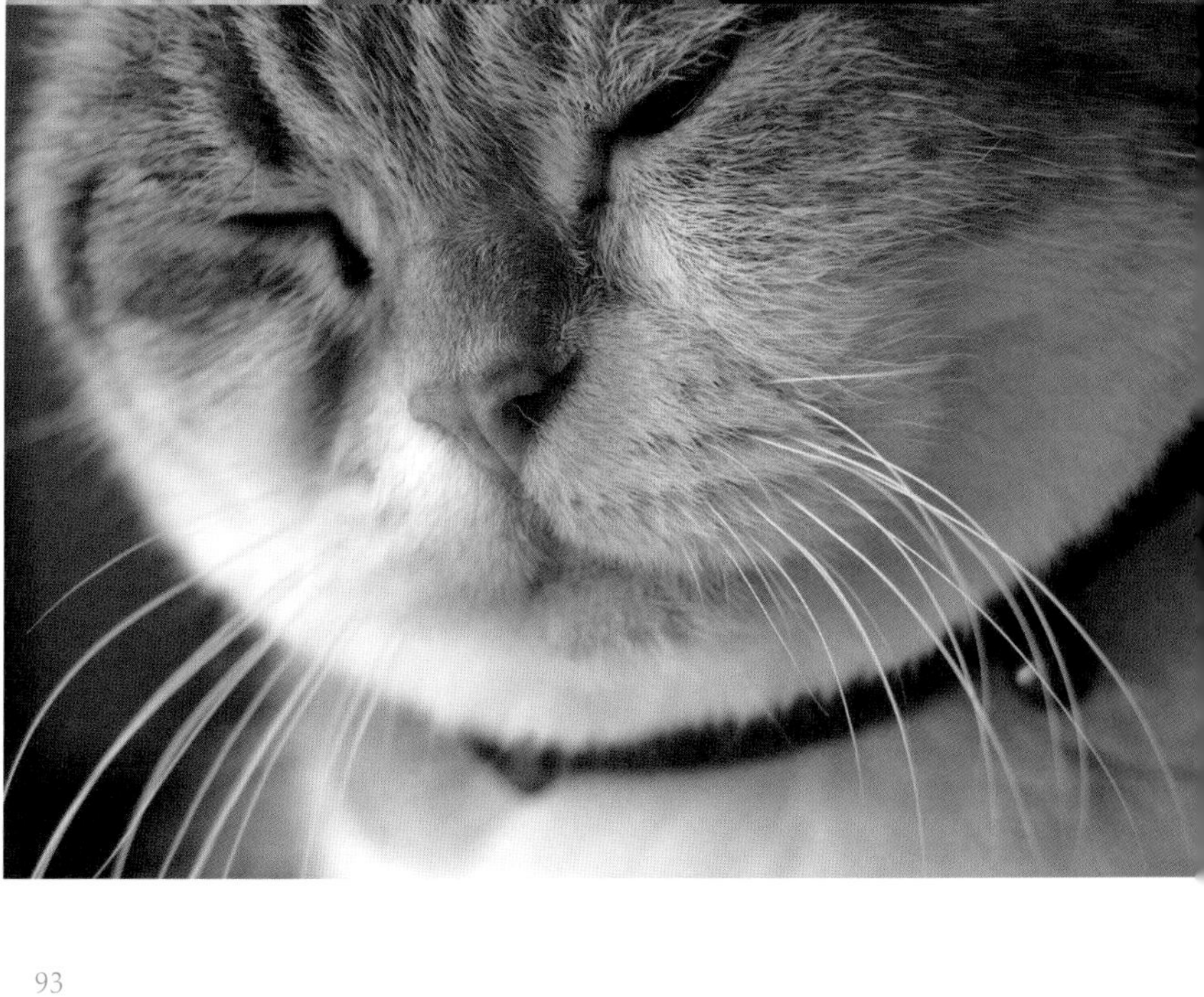

飼い犬のことを忘れた認知症の人をココが回復させた奇跡

ライトブラウンのカールした毛並みがきれいなトイプードルの「ココ」は、ミック（P80〜85）と同じ小型犬、1つ年上で13歳のオス。同じユニットで暮らすそんな2匹は性格も似ているのか、リビングではどちらもちょこまかと動く様子がそっくりだ。そばにいる文福がゆったりとした動きで落ち着きを見せ、大喜がほぼ横になっているのとは対照的なので、コミカルに感じてしまう。

ココは、2017年に橋本幸代さん（仮名）と同伴入居でやって来た。橋本さんは60代でココを飼い始めたが、当時は、まだ若いから最後まで面倒をみられると思ったのだろう。しかしその後認知症を発症し、一度、住宅型有料老人ホームに入った。家事サービスと見守りはあるが、介護はない施設である。

当初はそこで普通に過ごしていたものの、徘徊が始まり、帰ってこないことが増えていく。職員も探しに出なければならないし、そのたびに、他県に住む息子さんが駆けつけることになって、かなりたいへんな状況に。そこで、愛犬と暮らせる「さくらの里」にココと一緒に入居となり、健やかに穏やかに暮らしていた。

ところが1年後、橋本さんは転んで足を骨折して入院。すると、急激に認知症が進行してしまい、退院後ホームに戻ったら、ココのことがわからなくなっていた。1ヶ月ぶりに車椅子で戻ってきた愛する飼い主に、歓喜溢《あふ》れて飛びつくココ。しかし、橋本さんはまったく反応を示さない。手も伸ばさず目を見ることもなかったという。名前も呼んでもらえず、撫でてももらえない。深く暗い悲しみが襲ったことだろう。その時のココに思いを寄せると、胸が詰まる。

しかし、そこからココは強かった。とことん飼い主を信頼し寄り添っていく。ベッドでは必ず傍らに。職員に押されて移動する車椅子の横について歩く。

そして半年が過ぎたある日。いつものように膝に乗ってきたココに向かって橋本さんは小さく「コ…コ…」と呟く。半年間言葉を発することができなかったのに、愛犬を思い出したことで声が出たのだ。嬉しくて飛びつくココ。

さらに3ヶ月後、今度は腕を一生懸命動かして、ココを撫でた。その光景を見ていた職員は、大声をあげて橋本さんに抱きついたという。以降、徐々に症状は回復していき、途切れてしまった人と犬の絆は再び、完全につながった。

今、車椅子でとても満ち足りた表情で一緒にいる2人をファインダー越しに見ながら（P97）僕は、ココの一途な愛が起こした奇跡を噛みしめていた。

2017年に同伴入居のココ(P94)と橋本さんの強い絆は、
一度途切れたが、再びつながった。

どちらも緊急性が高い「同伴入居」先輩サリーと後輩サリー

立て続けに撮影に行っていた2022年秋には、犬ユニットの1つに、「サリー」という犬が2匹暮らしていた。同じ名前の小型犬ということで、混乱しないようにホームでは、「先輩サリー」「後輩サリー」と呼び分けていた。

「先輩」は白のシーズーで、13歳のメス（P100）。リビングで活発に行き来しているのだが、おむつをしていて、短い脚でとことこ歩く。すると、脚と尻尾が小刻みに動き、後ろ姿のお尻のあたりに絶妙なかわいさが漂う。

年上だが入所があとの「後輩」は、ヨークシャーテリアとチワワのミックス犬（ヨーチワ）で茶色、16歳のメス。かなり高齢だからか、撮影時にはいつもぼんやりとしてリビングにいた。床にぺたっと伏せていたり、目の前に「サンタ」（P104）が現れても反応しなかったり（P102）、立ったまま揺れていたり（P103）。そんな枯れきったしぐさが逆に愛おしくてたまらない。

その後輩サリーは、僕が2023年6月に撮影に伺った時には亡くなっていた。旅立ったのは2週間ほど前とのことで、まだ残り香《が》が漂っているようだった。

３つ年上ながら「後輩」だったサリーが先立ってしまったわけだ。施設長の若山さんは、今でも、サリーの話をする際には「先輩」「後輩」を付けていた。思い出を反芻《はんすう》するかのように。

名前が同じで1年違いでやって来た2匹のメスは、どちらも女性の飼い主で、緊急性が高い同伴入居という点までもが同じだった。

先輩サリーの入居は、２０１９年9月に梅津冨美子さんと。認知症が進んではいたが徘徊も被害妄想もなかった梅津さん。けれど、サリーがかわいい一心で次々とドッグフードの缶を開けたりする。そしてさらに大きな問題が。梅津さんは散歩ができなくなり、部屋の中に犬のおしっこやうんちが溜まっていたのだ。立花さんのケース（P90）同様、そこで緊急性が高いと判断。スピード入居となった。

後輩サリーと中井アサさんの場合も緊急性が高かったのだが、コロナ禍によってすぐの入居が叶わなかった。２０２０年4月、緊急事態宣言のさなかであり、同伴入居を申し込んだが、都内在住だから他府県への移動が禁じられていて断念。コロナ禍の状況待ちとなり、11月にやっと入ることができた。

そして後輩サリーは、中井さんと「さくらの里」の2年8ヶ月の思い出を胸に天国に。高齢だっただけに、ゆったり過ごすことができてしあわせだっただろう。

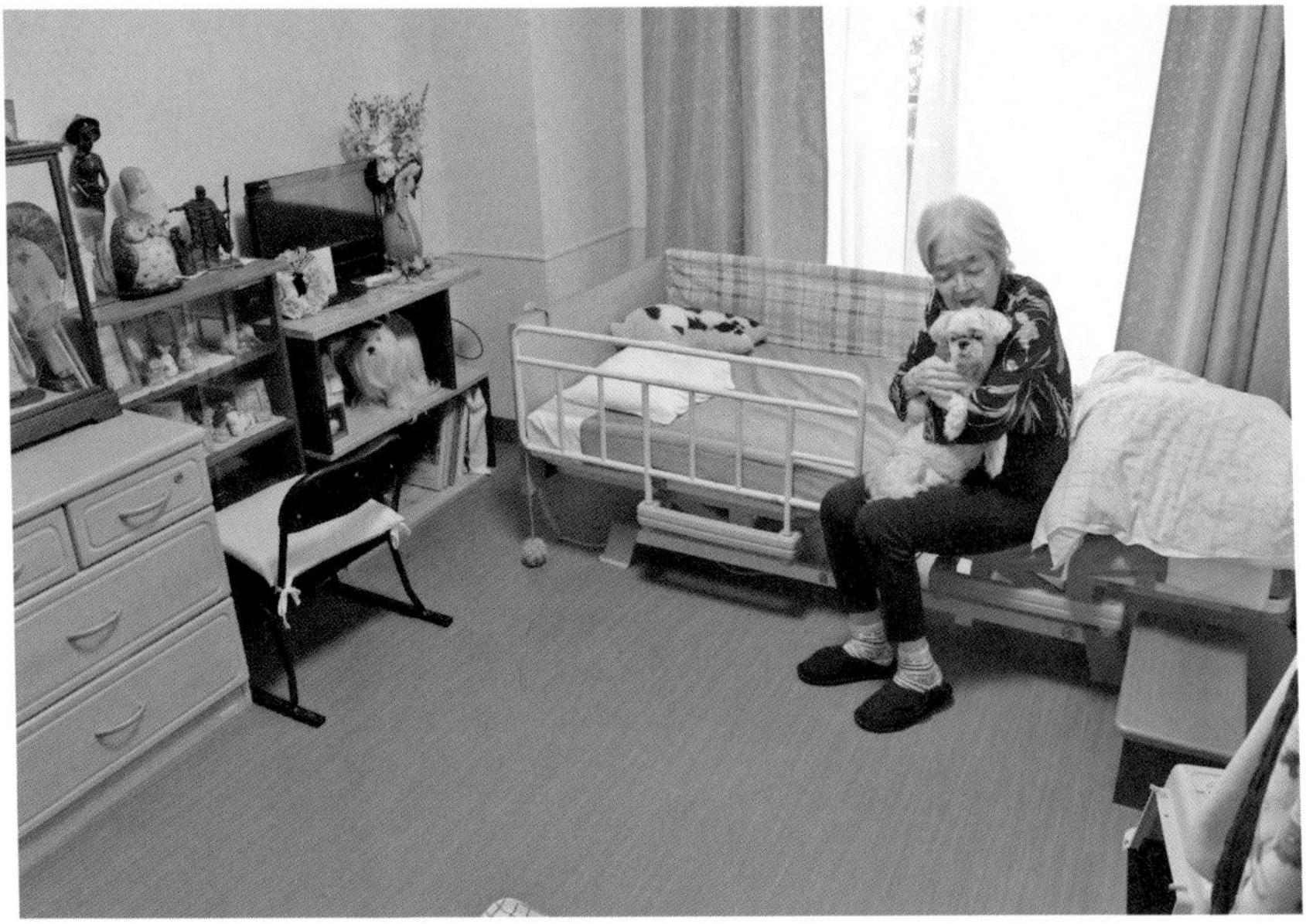

同伴入居の梅津さんと部屋で過ごす先輩サリー(P98)。

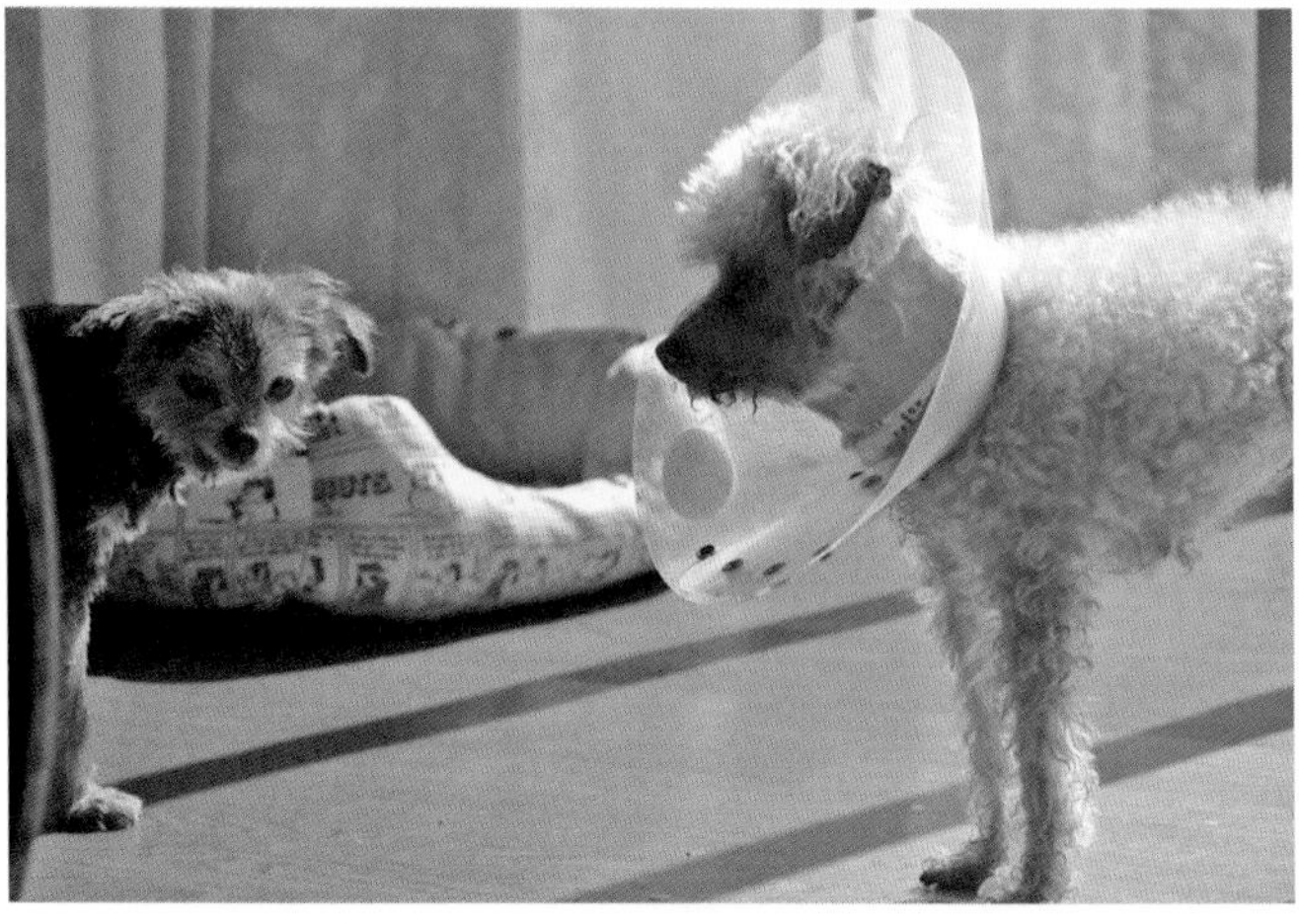

同伴入居でやって来た後輩サリー(P98)は、
ヨークシャーテリアとチワワのミックス。
2023年6月、天国に。エリザベスカラーをしたサンタ(P104)と。

リビングではみんなに甘えるサンタ
飼い主以外の人たち全員も家族

僕が、文福とこのホームについて知ったのは、NHKのドキュメンタリー番組だった（P2参照）。その映像の中で、施設裏手にある、いつもはドッグランに使われている空き地でのお花見のシーンがあった。

きれいな桜が咲いている。まさに「さくらの里」なのだから。2月には早咲きの河津桜《かわづざくら》が、3月にはソメイヨシノが咲き乱れるという。その木々の下には、車椅子を押す職員、それに乗った老人たち、リードで伴われた犬、抱っこされている猫。すべてのいのちが華やいでいるのが伝わってくる。それは若い人たちの弾けるような宴《うたげ》とは違い、静かに笑い合う集い。日光を浴びながら伸びやかに心を通わせる、人とどうぶつ。

そして、体調面の問題でここに参加できない入居者がいた。80代の女性、石本いささん（仮名）。2017年に同伴入居、愛犬の名はサンタ。薄茶色のトイプードルで13歳のオス。石本さんは個室で過ごす時間が多いので、サンタも1日の半分を石本さんの横で寄り添って過ごしている。そして、残りの半分はリビングに出て、ほかの入居者たちとふれあっている。これは、石本さんと一緒にいるだけだと動きが少なくなってしまうからストレスを発散しているはず、と若山さんは考えている。サンタなりに自らの心のバランスを取っているのだろう。

撮影のため個室に入れてもらい、サンタにレンズを向けるとしっかり目線をくれる。そのあと、「ぼくはこうやって見守っているんだよ」とでも言いたげに、眠っている石本さんにも視線を移した（P106）。

そのあと、昼食後のリビングに出てきたサンタにも、カメラ片手についていく。するとソファでゆったりしていた牧原繁子さんの膝の上にぴょんと飛び乗った（P108）。満ち足りた表情で黙っている人と犬。僕がほかのユニットで撮影して30分ほどで戻ったら、2人はまだその体勢のまま眠っていた。そして、1週間後にエリザベスカラーが取れたサンタと牧原さんは、同じ姿勢でくっついていた。これが日々くり返されているのだろう。なんともしあわせな空間だ（P109）。

こうしてサンタが甘えるのは牧原さんだけではない。リビングでは入居者だけでなく職員にも駆け寄り、足元を走り回る。サンタにとってもほかの犬と猫にとっても、また入居者と職員にとっても、「さくらの里」にいるのは全員家族なのである。

裏の空き地に咲いた満開の桜は、通じ合うみんなの心を知っている。

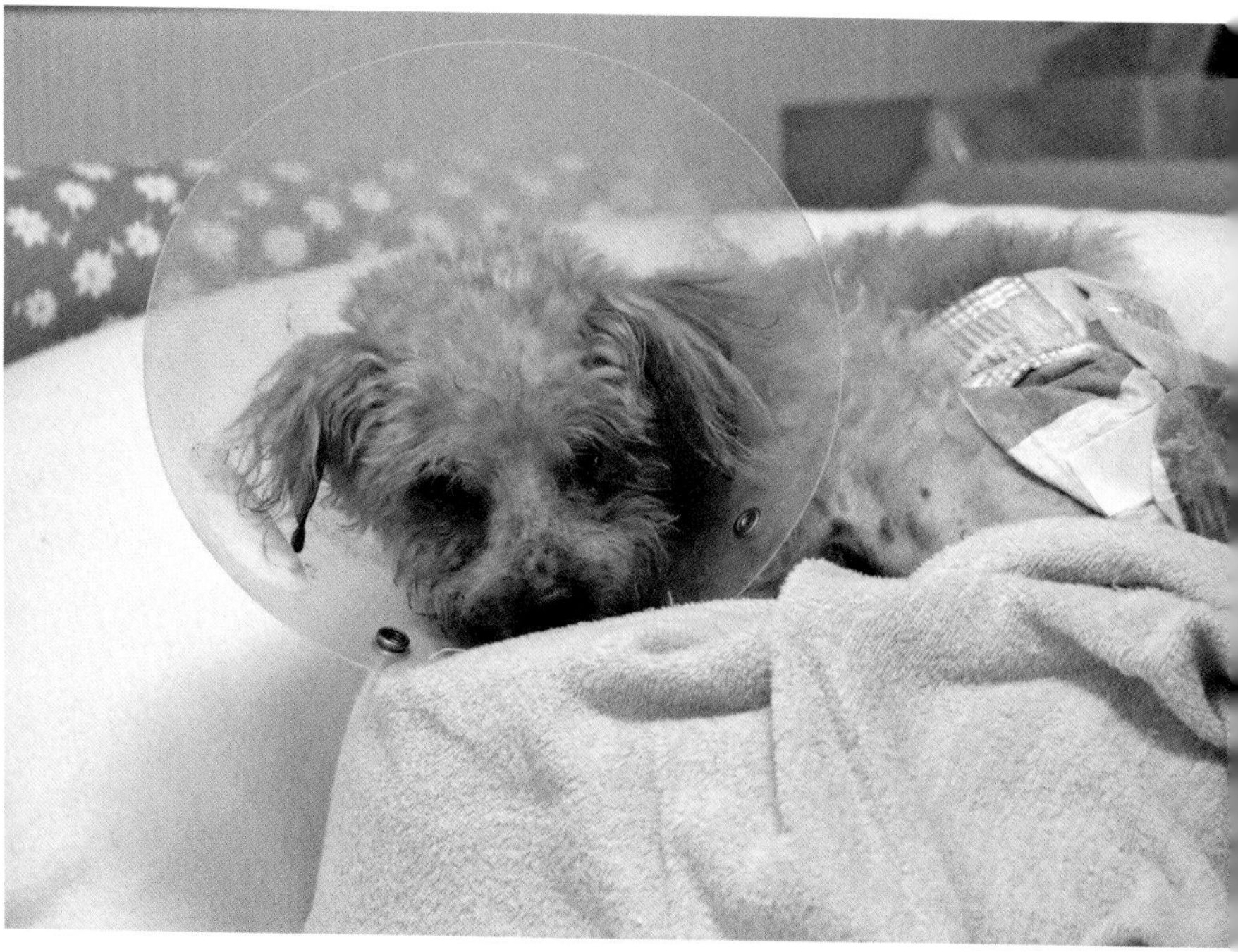

トイプードルのサンタ(P104)は、2017年に同伴入居。
いつも、石本さんを部屋で見守るように過ごす。

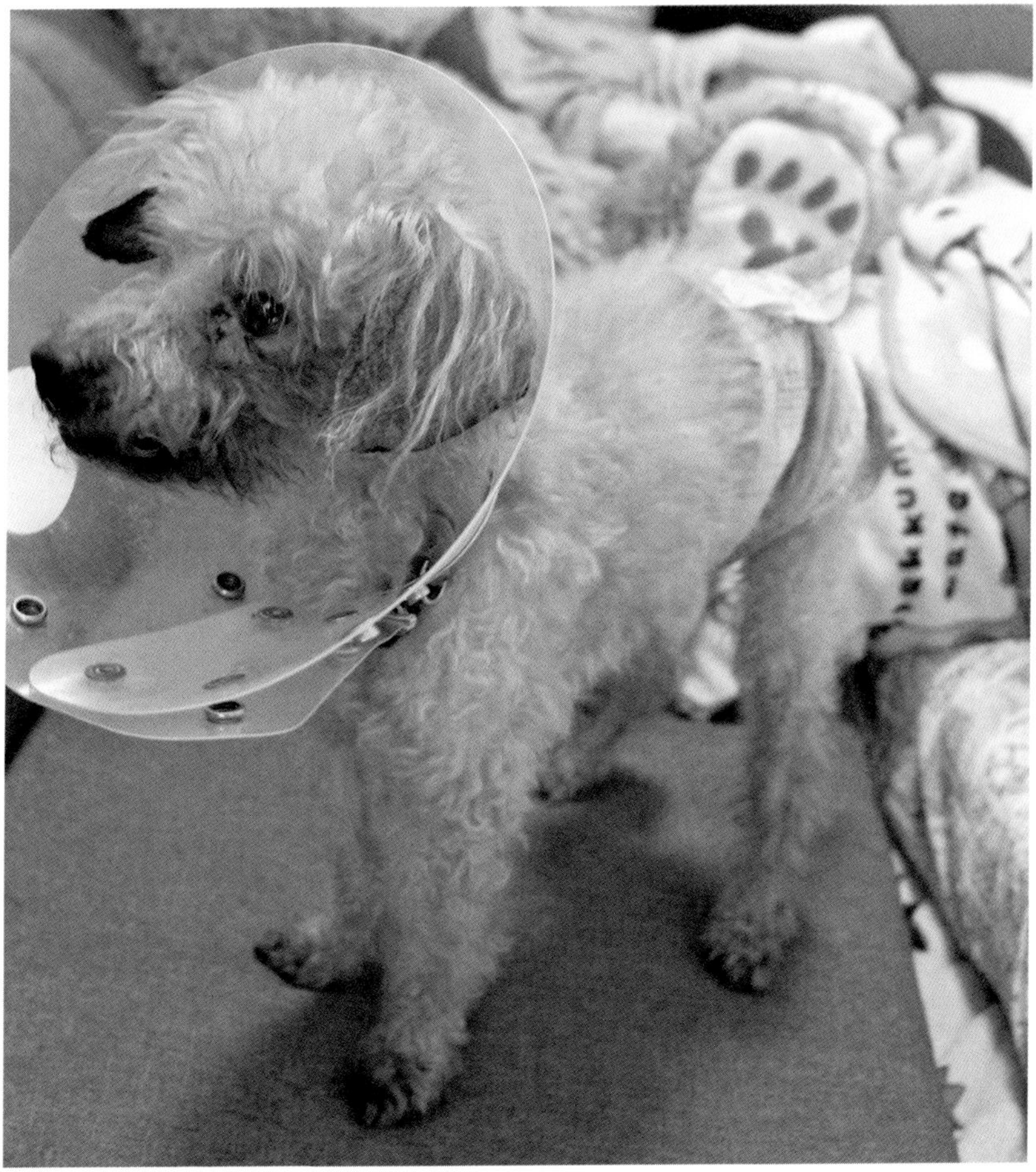

飼い主の部屋から出て、
牧原さんの膝の上に乗って
ゆったりくつろぐサンタ(P104)。

ナナを乗せた車椅子を押していて神経系の難病が劇的に改善

この項目の前までは、僕が実際にふれあった犬や猫のこと（震災犬はその写真絡みで書いてきたが、ここからの5つの話は、すでに他界した犬と猫のことを綴《つづ》る。会えてはいない犬と猫と人にまつわる、心打つ、心あたたまる話が、「さくらの里」開所から11年間でたくさんあり、それを少しでも残しておきたいから。

まず最初は、キャバリアの「ナナ」について。2016年10月に、79歳の榊原圭子さんと同伴入居してきた。この時、ナナはまだ3歳。つまり、榊原さんは高齢になって犬を飼い始めたということだ。その問題についてはいろいろな意見がある。

愛犬家・愛猫家ならば、ある程度年をとれば誰しも考えるはず。「何歳まで世話ができるだろう」「今いる子が、あるいは次に飼い始める子が、最後だろう」とか。

70代前半で神経系の難病にかかった榊原さん。何代にもわたってキャバリアを飼ってきていたが、70代半ばで先代の子を亡くした時、もう飼うことはないと決めていた……はずだった。高齢になり病気を抱えながら犬を飼うのは無責任だと頭ではよくわかっていた。しかし、ご主人を亡くして一人暮らしになると、孤独に耐えられず我慢の限界を超えてしまったという。その後はナナと2人で楽しく暮らしたが、3年後、手足が自由に動かせなくなり入居に至った。

「さくらの里」に入った榊原さんは、痛みを伴うリハビリを続ける。車椅子を押してホームの長い廊下を行き来するのだが、その椅子にはいつもナナが座っていた。顔を見つめ合って、痛みを乗り越えてゆく。「この病気で、これほど長いあいだ動くことができた人は見たことがない」と主治医が驚くほどのがんばりようだった。

こうして奇跡の回復を見せ、海辺のレストラン、ショッピングセンターなどに2人で外出するまでに。しかし限界は訪れる。2019年11月、最期までの数日間、ベッドで寄り添っていたナナに看取られ、微笑みを浮かべて榊原さんは旅立った。

この時、榊原さんの娘さんは大いに悩んだ。ナナを引き取りたい、けれど、ナナにとってここで暮らしていくほうがいいのかもしれないとも考えて。そうして母亡きあとも1ヶ月間「さくらの里」に通って決断。ナナはホームの子となった。

それから2年過ぎた2022年1月、ナナは突然パタリと倒れ、8歳の若さで天に召された。キャバリアは心臓病になりやすく、ナナの病状もそうだった。

職員たちのショックは大きく、ナナの葬儀ではみんな泣き崩れた。「心臓病で長く苦しまないように母が呼んだのかもしれません」。娘さんの言葉が深く沁みる。

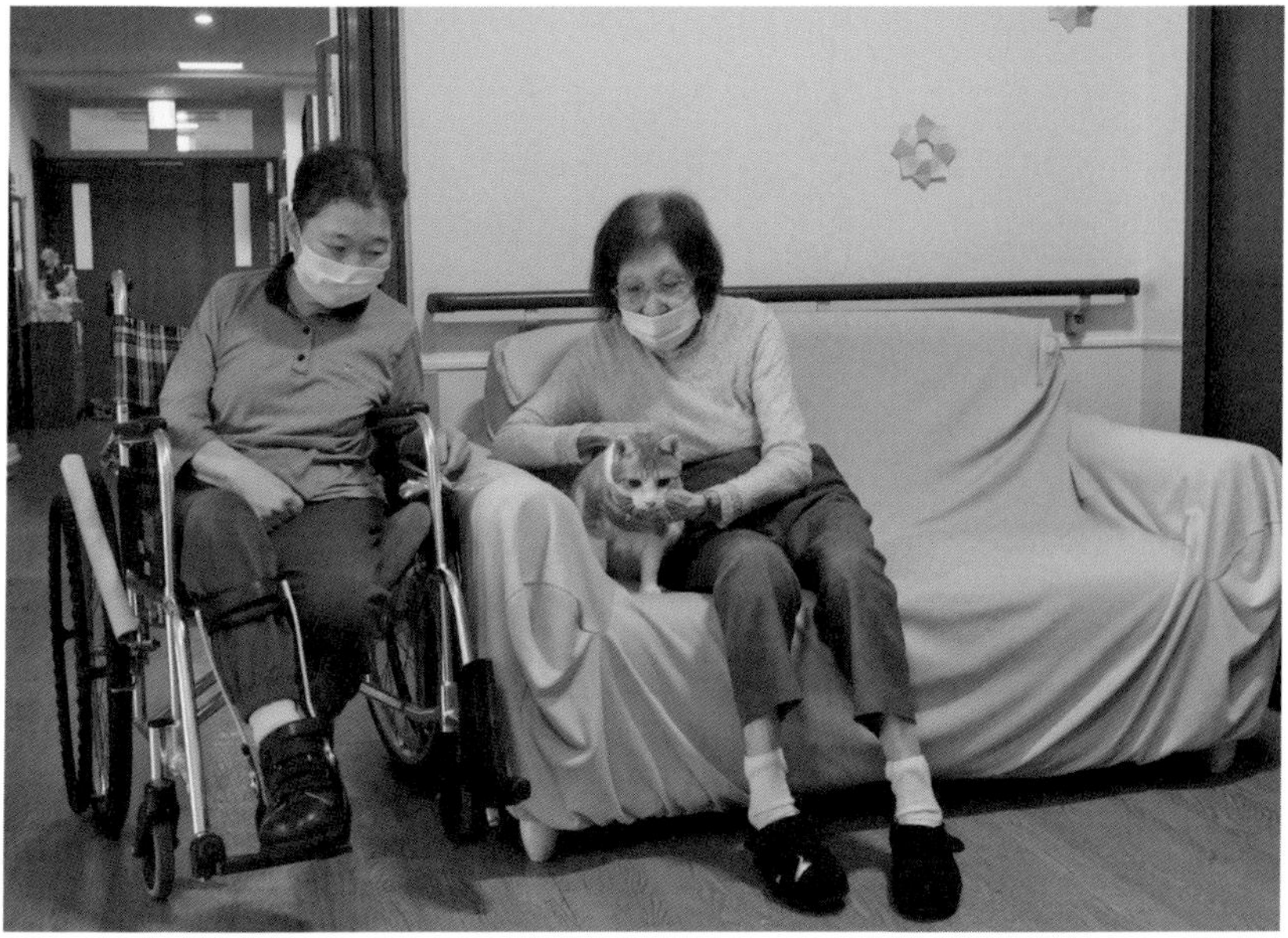

本書取材時にもっとも新顔だったゆりっこは推定９歳。
2023年４月に保護猫から。

多くの人をおくった看取り猫トラ 最期は人に抱きしめられて天国へ

文福が看取り犬なら、「トラ」は看取り猫と言っていい。ホーム開所すぐの2012年4月に、文福、大喜、タイガと同様に動物愛護団体「ちばわん」からやって来た一期生で、猫の入所第1号である。当時の推定年齢は8～9歳の茶トラ。トラは文福のように、人の死期が近づくと寄り添って看取り、多くの人をおくった。やはり保護猫であったことが、この能力に関係しているのだろうか。文福と違っていたのは、死期と関係なくとも、人が弱っている時もベッドに寄り添うところ。癒やし猫である。そんなトラの、看取りと癒やしの話を3つ挙げてみる。

「俺はトラに看取ってほしいんだよ」が口グセだったのが、斎藤幸助さん（仮名）。子どもの頃から家に猫がいて、人生で50匹以上と暮らしてきたというから、どれほど猫好きだったか想像がつく。しかし、やはり猫好きだった奥さんに先立たれ、新たに猫を迎えることは断念。最後までいた猫が亡くなると一気に衰弱し、認知症になってしまった。そこで息子さんが、猫と暮らせればいいのではと考えて入居となった。

その期待どおり、トラと出会った斎藤さんは生き生きし、劇的に回復した。手すりに摑まってトラを探し回るうちに、使っていた車椅子がいらなくなるほどだった。

しかし、しあわせに暮らした斎藤さんだったが2年後に逝去。枕元には念願どおりトラがいてくれて、悔いのない旅立ちとなった。

同じくトラに関する口グセの話を。角田千代子さん（仮名）の場合は、「きょうだいがいないから、この子が弟みたいなものなの」だった。やはり子どもの頃から猫と暮らしていたが、息子さん一家と同居となり、お孫さんが猫アレルギーで飼えなくなってしまったのだ。そこで「さくらの里」に。

角田さんはいつもトラを撫でていてとてもしあわせそうだったという。子ども時代や、自分が子育てしていた頃に戻っていたのではと、施設長の若山さんは考えている。そして4年後に訪れた旅立ちの時、もちろん顔の横ではトラが見守っていた。

このように看取り猫として生きたトラを今度は人が看取る。それが、最初から最後までトラを見守り続けた2人。ご主人を亡くし大病にもなって入居後、トラに出会って心も体も完治した中村康代さん（仮名）と、職員でユニットリーダーの藤本さん。トラへのこまやかなケアを欠かさなかったコンビだ。

2017年12月、2人に抱きしめてもらいながら、トラは腕の中で静かに旅立っていった。「さくらの里」での5年8ヶ月のしあわせな日々を嚙みしめながら。

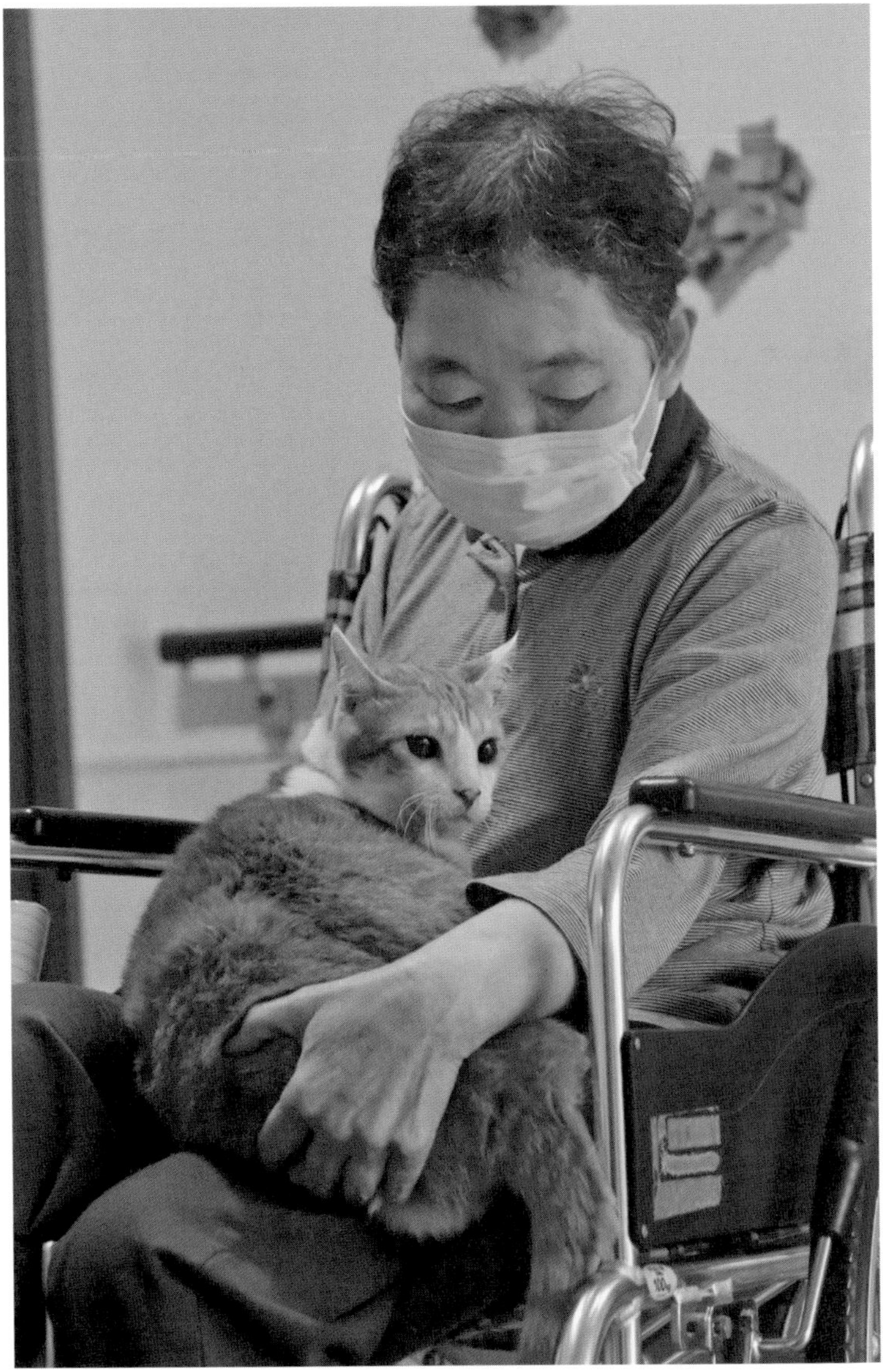

ゆりっこ(P112)はとても人懐っこく愛くるしく、みんなの笑顔を誘う。

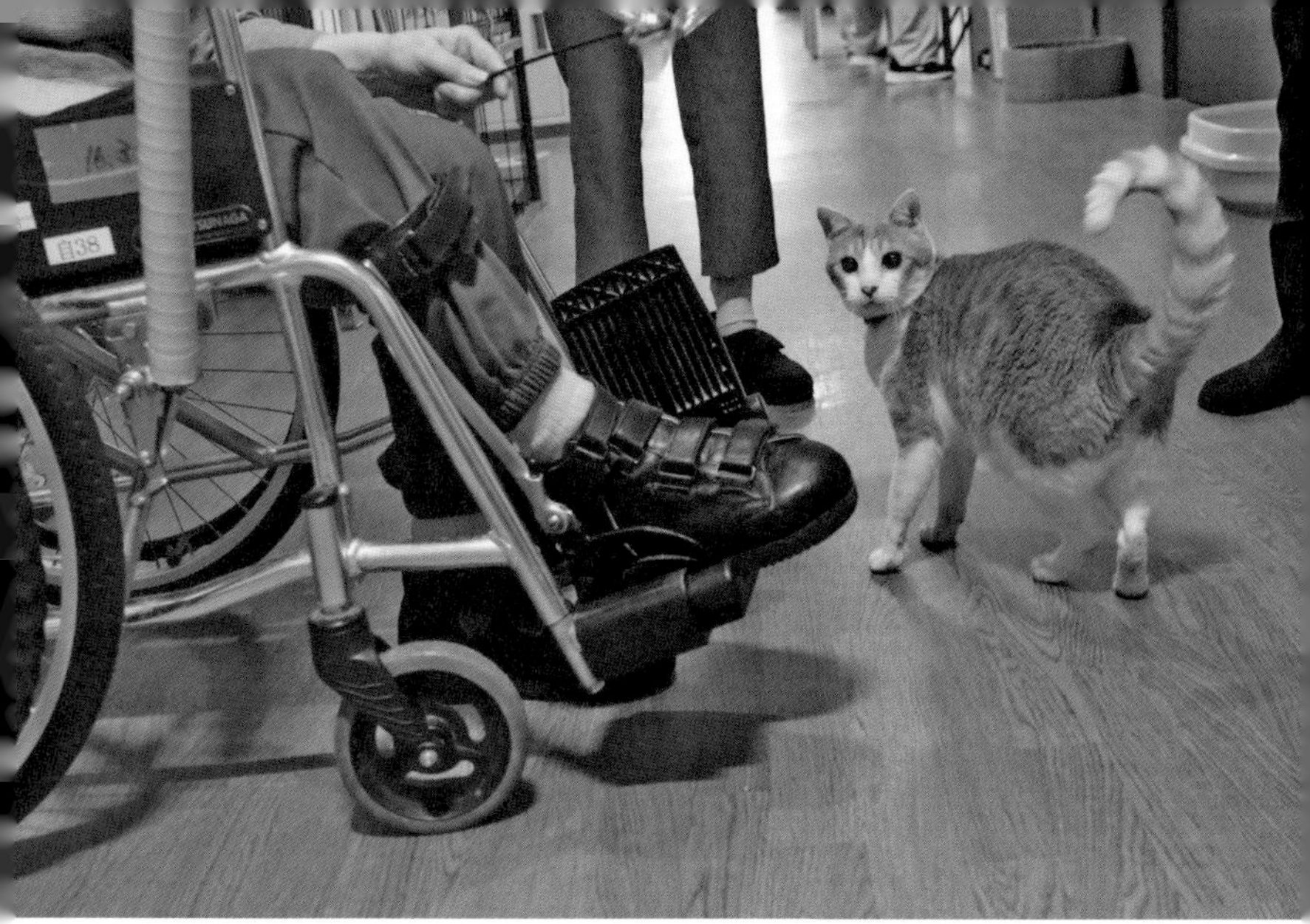

愛犬に固執して職員を怒鳴っていた飼い主
アミのあとを追って数ヶ月後に旅立つ

「さくらの里」での同伴入居の犬、第1号は「アミ」だった。2012年12月、田中久夫さん（仮名）とともにやって来た時点で推定8歳。白地に黒の斑点がトレードマークの大型犬、ダルメシアンのメス。

犬と二人暮らしを続ける中、認知症になり生活能力が失われた田中さん。そうなると、暖房器具や火は危険なので扱うことが難しくなる。市の福祉課職員は本気で餓死や凍死まで心配し、老人ホームに入ることに激しく抵抗していた田中さんを粘り強く説得。「さくらの里」開所から8ヶ月ほど経った頃、入居に至った。

ホームで暮らし始めたアミは、入居者や職員にかわいがってもらい、いつも楽しそうにしていた。そして、大親友ができた。すでに同じ犬ユニットに住んでいた、保護犬出身で柴系の雑種、当時の推定9歳のオス、「プーニャン」である。

2匹は揃って施設裏手のドッグランで走り回り、そんな姿を目にする入居者も職員も、自然と喜びが込み上がり歓声があがっていたという。

ところが、信じられないことが……。なんと田中さんだけがその光景を腹立たしく思っていたのである。アミがほかの人や犬と仲良くしているのがイヤだったのだ。若山さんはそれを、ある事柄に固執する認知症の症状の1つによるものだと推測した。アミへの愛情が揺るぎなく深いだけに、こんなことになってしまったようだ。

そもそも田中さんの認知症は重度であり、その最大の問題が、すぐに激昂《げきこう》することだった。ユニット内で1日に何十回も怒鳴っていたという。個室にあるナースコールボタンで職員を呼び、ほかの入居者のお世話をしていて少し遅れるだけでも怒鳴りつける。さらには、アミにごはんをあげようと近づくだけで、「俺のアミに近づくなー！」と怒声《どせい》が響き渡る。

こんな状態だったが、それでも職員たちはうまくかわしながら、人と犬のお世話を続けていく。しかし1年半後の2014年6月、アミが倒れる。入居以前に、塩分が濃い人間の食べ物を田中さんが与えていたことで、腎臓がやられていたのだ。

立てなくなったアミをベッドに入れて、田中さんは毎日片時《かたとき》も離れず寄り添って過ごした。すると、獣医師の話では腎臓の状態的には激痛があるはずなのに、痛そうな表情やしぐさをまったく見せなかったという。

こうして1週間後、抱きしめられたアミは、しあわせそうな顔で息を引き取った。

その数ヶ月後、愛情を注いだ田中さんも天国に向かった。アミのあとを追って。

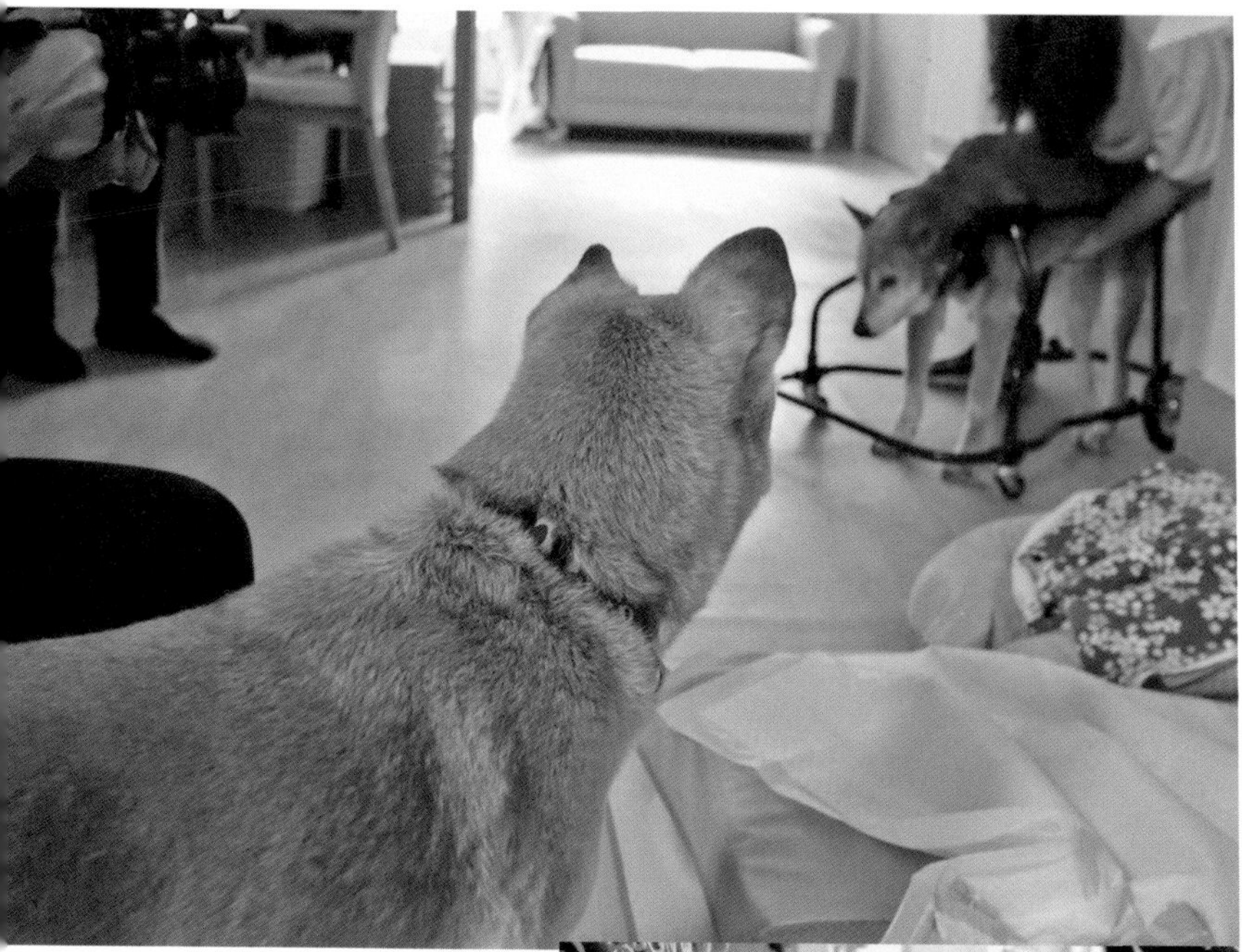

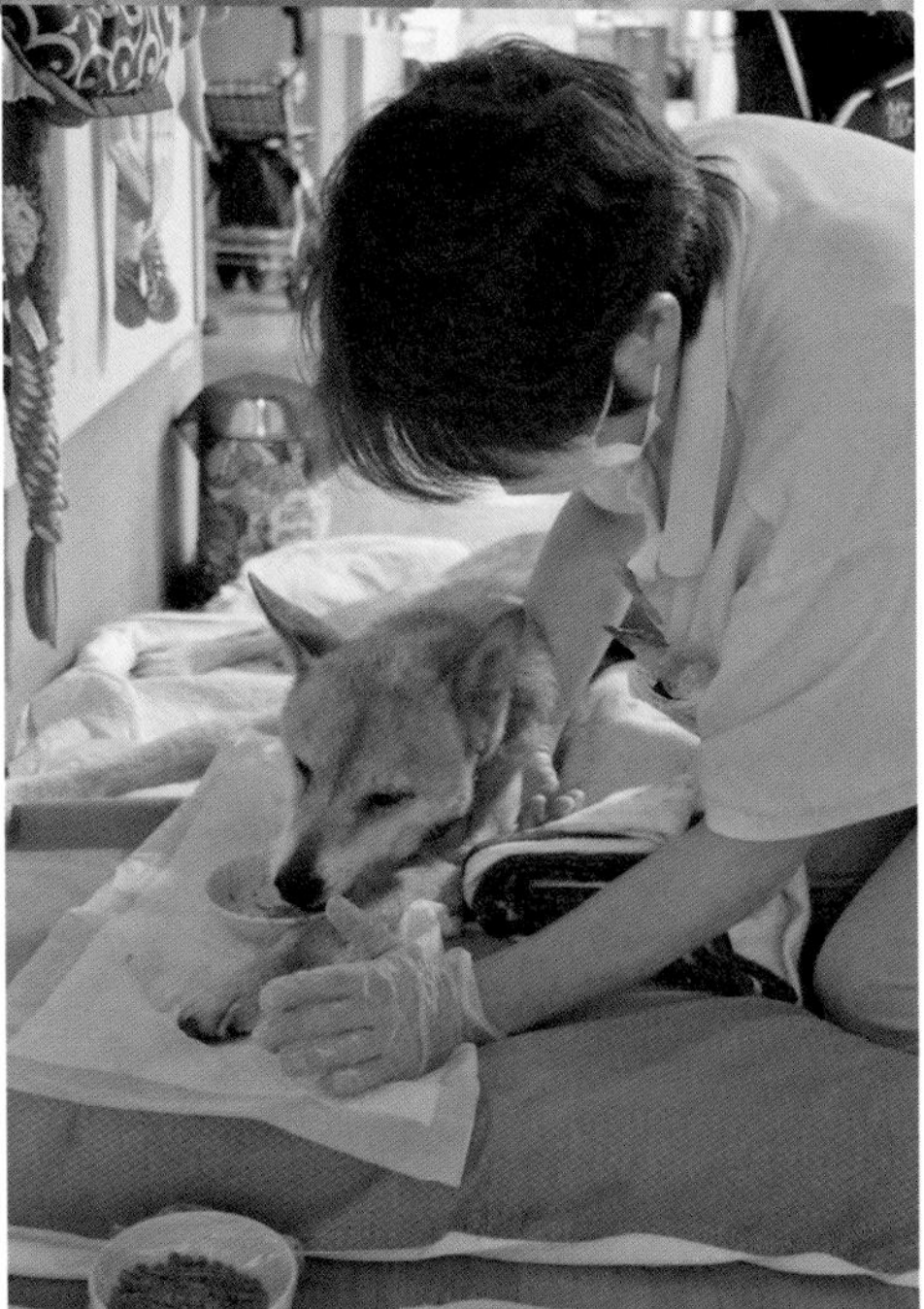

2023年春には、
大喜がカートに乗る練習を始めた。
出田さんが介護し、
文福が見守る。

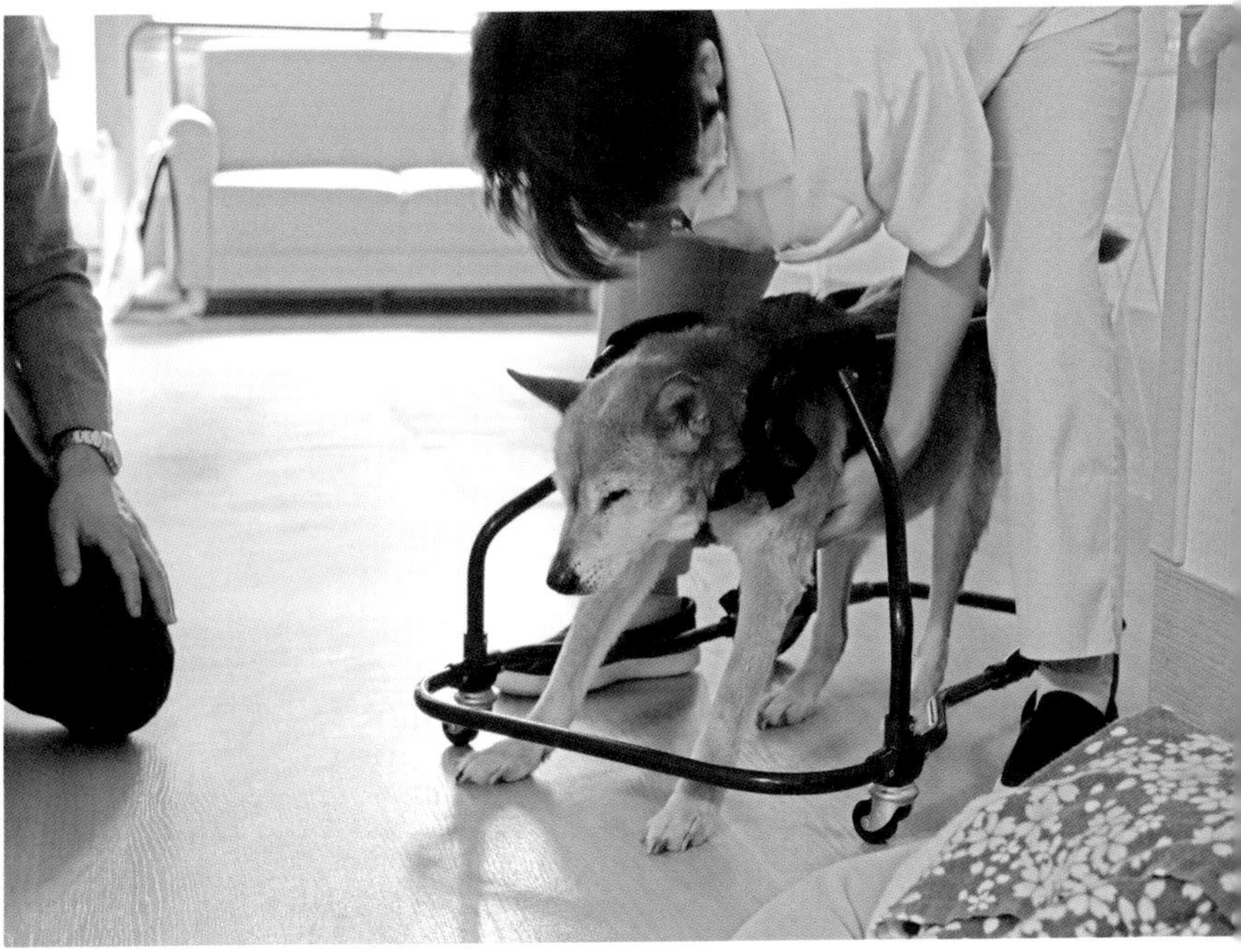

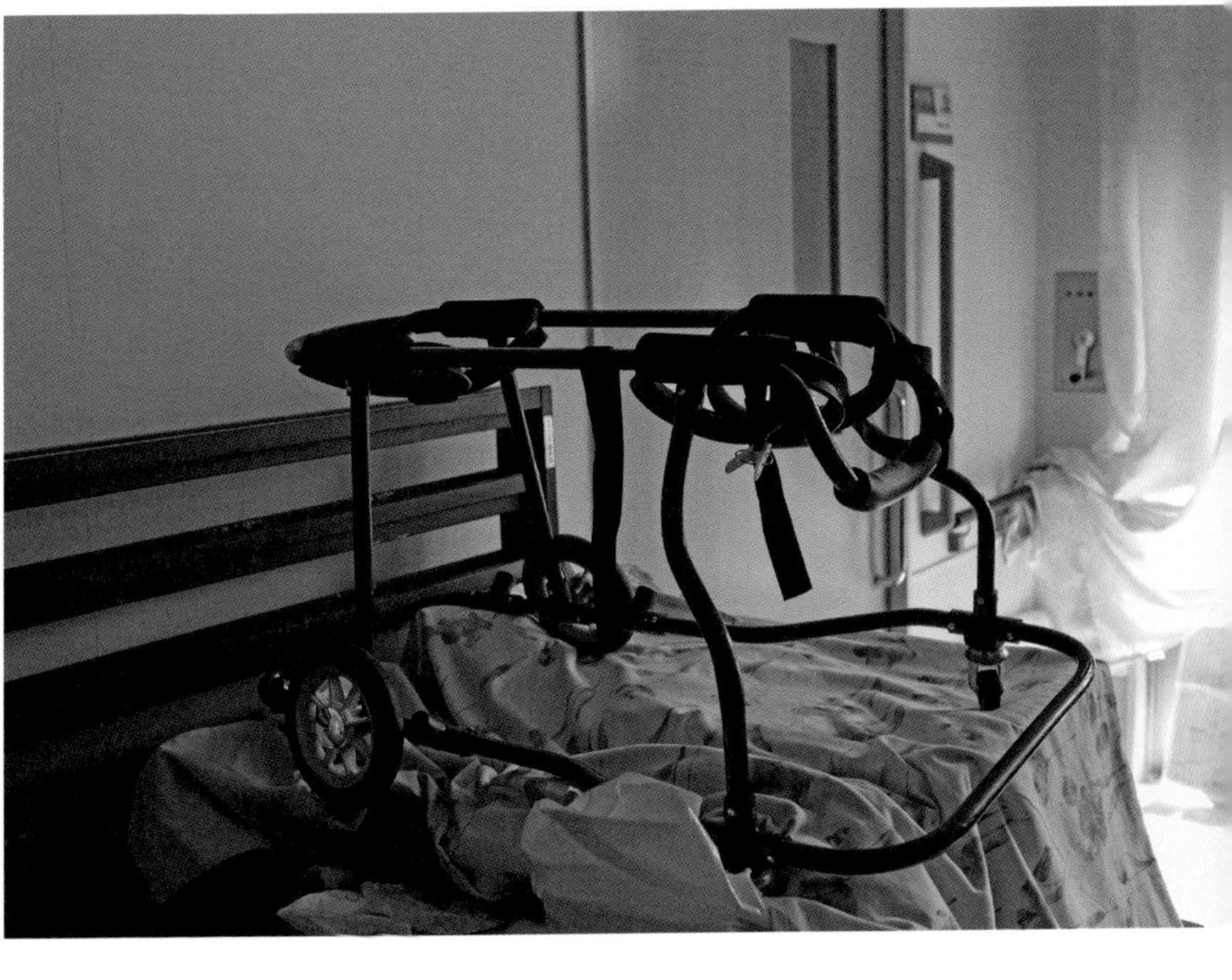

愛猫ナッキーを看取った直後
そっくりな保護猫が来た縁の奇跡

キジトラの「ナッキー」と二人暮らしだった松原美智子さんは、最後の愛猫としてかわいがっていた。だが、松原さんが脳出血で倒れてしまうと、有料老人ホームに入り、息子さんと以前から決めていた段取りどおりナッキーは息子さん宅へ。

松原さんは後遺症から失語症となり、感情を閉ざしていく。すると今度は手足まで動かなくなってしまった。そんな状態なのに、ナッキーの動画を見せる時だけは表情が豊かになったという。そこで、また一緒に暮らせれば感情を取り戻せるかもしれないと考えた息子さんが「さくらの里」を知り、同伴入居することとなった。

2018年1月、入居日当日。先に到着した松原さんのもとに、息子さんが愛猫を抱っこして現れる。すると、かなりの高齢でほとんど素早い動きがなくなっていたナッキーが腕から飛び降り、子猫のように身軽に松原さんの膝に駆け上がった。松原さんも「なっ…き…、なっ…き…」と、それまでは出なかった言葉を発し、動かないはずだった手を動かしてナッキーを抱きしめたのだ。

一緒に暮らし始めて2週間後、面会に来た息子さんの大きな声が響いた。「母さんが笑ってる！　ナッキーを撫でている！」。これは有料老人ホームではけっして見られなかったこと。ささいなことのようで、とても大きな変化だったのだ。

　しかし17歳と高齢だったナッキー。入居から5ヶ月後の2018年6月、2人は布団の中で一緒に眠り、目覚めたらナッキーの息が止まっていた。愛された猫として、最上のしあわせを感じながら、愛した人の横で天寿をまっとうした。

　このあと息子さんは、一緒に寝る猫を迎え入れてほしいと切望した。ホーム側は猫の定員もあるため悩んだが、「松原さんのQOL（生活の質）を上げるためには」と判断し「ちばわん」に打診。そこで奇跡が起こる。保護猫ネットワークで呼びかけたところ、ナッキーそっくりなキジトラが見つかったのだ。

　こうして2018年7月、推定14歳の保護猫が松原さんのもとにやって来た。名前はもう決まりだ。「ナッキー2世」と名付けられ、松原さんと出会ったその瞬間から最高のパートナー同士となった。

　2019年12月、高齢でもあった2世はがんを患い、1年半前のナッキー1世と同じように、松原さんの腕の中で旅立った。笑うような顔をしていたという。

　現在、松原さんの個室には自身の愛猫はいない。だが、ホームの猫を撫でながら、言葉も表情も失うことなく、いつも微笑んで暮らしている。

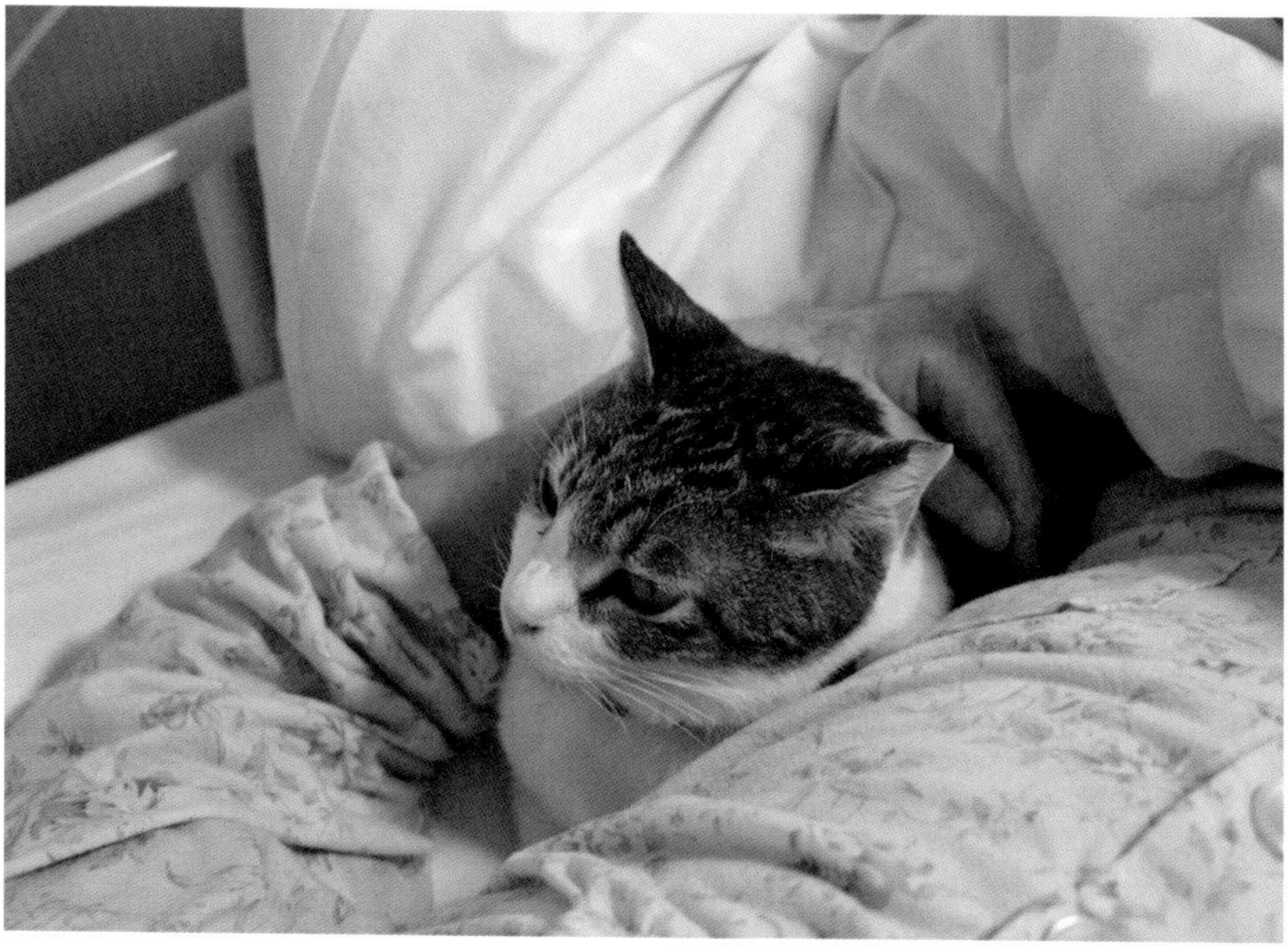

プリン(P70)は大部分の時間を、
同伴入居の草刈薫さんのベッドで過ごしている。

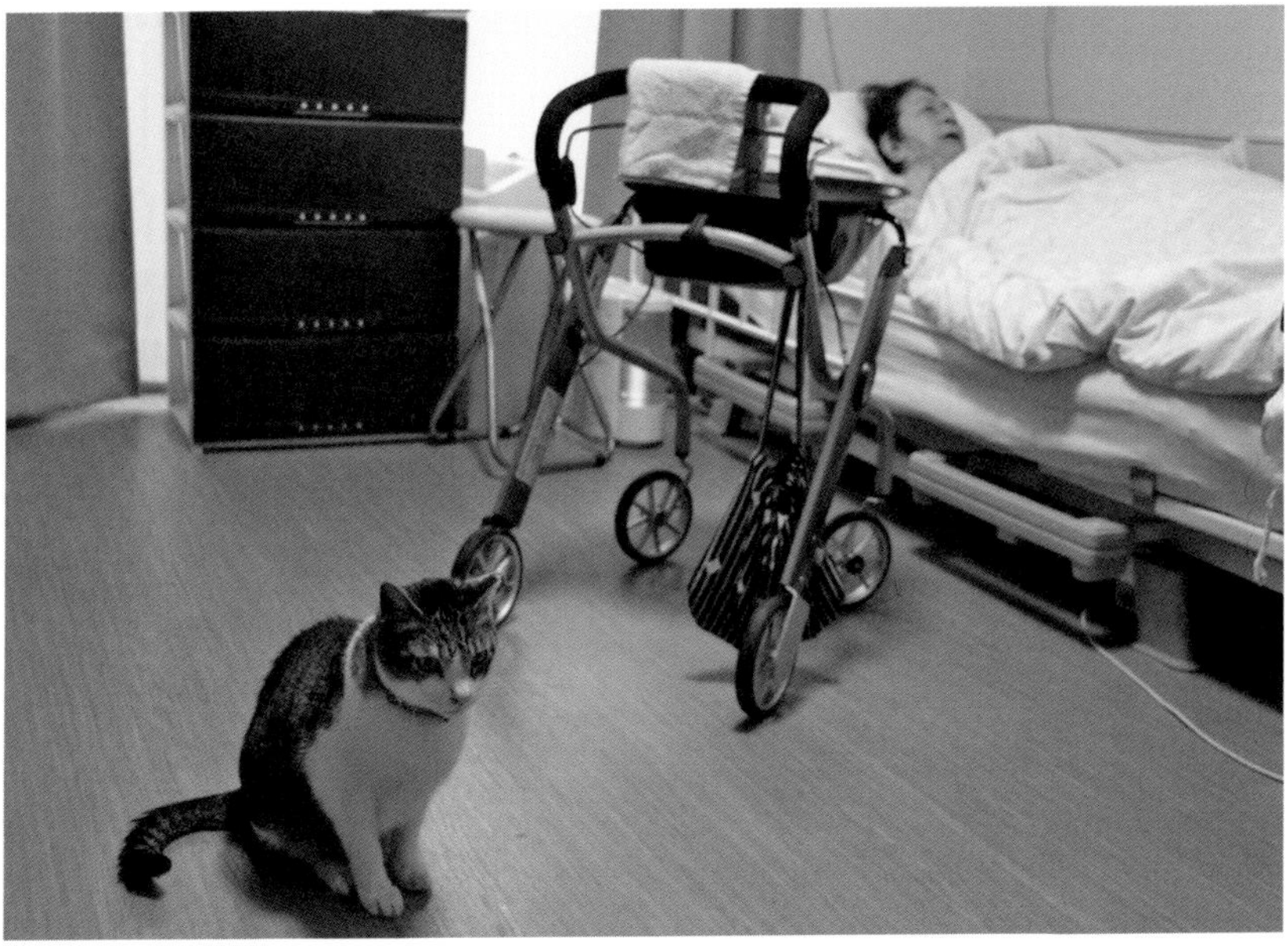

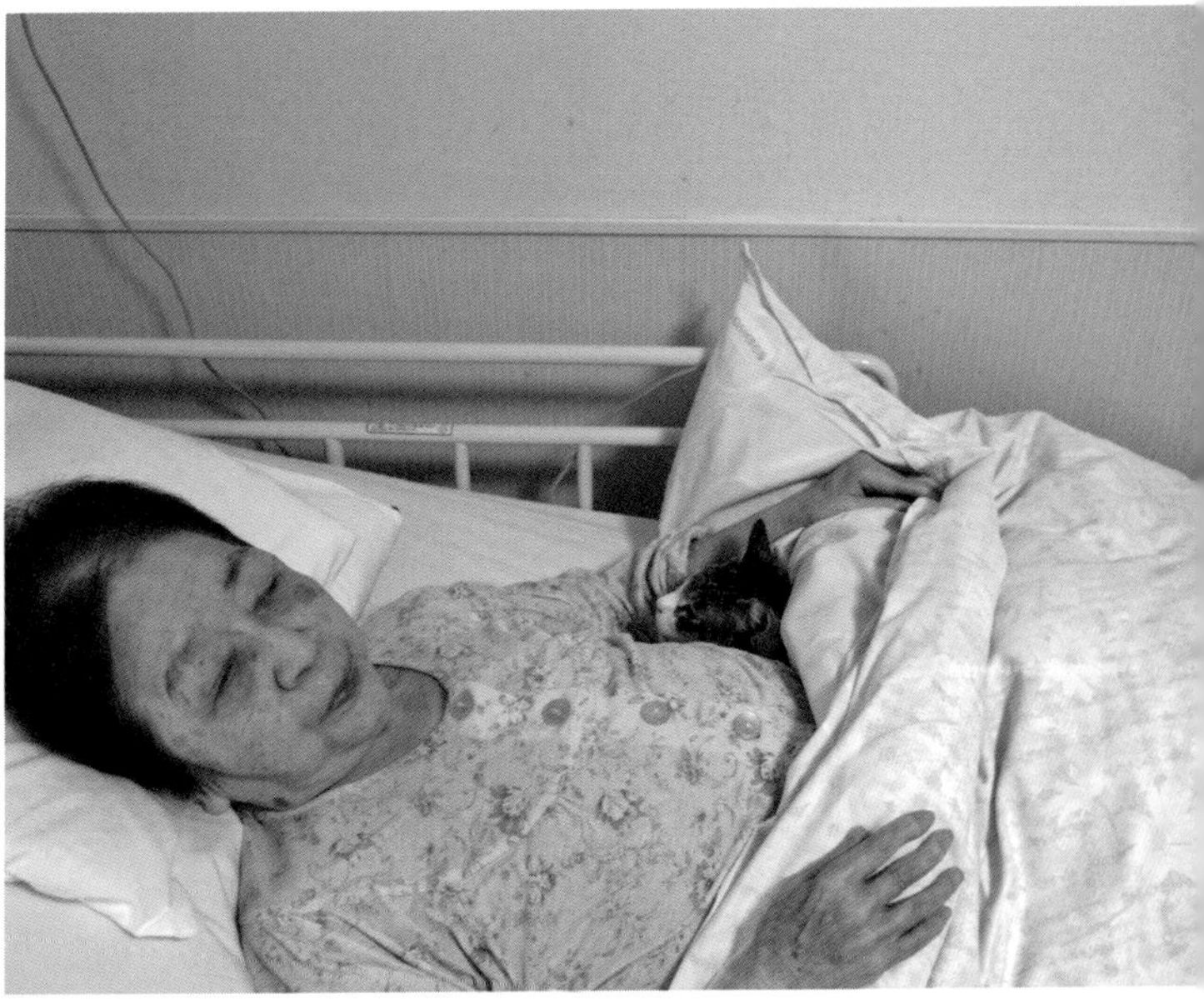

悲惨な生活だった繁殖犬もえちゃん
しあわせな半年を送って天国に

わずか半年暮らしただけなのに、施設長の若山さんと職員さんたちの思い出に深く刻まれているのが、「もえちゃん」という柴犬だ。推定年齢10歳のメスで、ホーム開所の2012年4月に保護犬としてやって来た一期生である。

近年人気となっている柴犬の純血種。毛並みはきれいで、とてもかわいい。それなのに捨てられてしまったことを、みんなで不思議がっていたという。

性格も人懐っこく、犬が大好きで「さくらの里」に入居してくる人たちからたいへんかわいがられ、とても嬉しそうに日々を過ごしていく。

しかし、もえちゃんは腰が悪く、速く走ることができなかった。けれど歩くのは楽しそうで、そこそこ広めのユニットではとことこ歩いて、廊下を往復する。

そして、施設裏手のドッグランに出るのが大好きだった。そこは、右手の入り口から左手奥までが幅60メートルとかなりの距離があり、左右両端と前方側の周囲は雑木林、手前施設側には桜が植えられている。天気のいい日、もえちゃんはここで、木々のあいだを行き来して、喜びいっぱいで歩き回っていた。

そういう姿を見て、ホームのみんなは競い合うかのようにかわいがった。そんなもえちゃんが、半年後に倒れてしまう。保護された時から肝臓と腎臓が悪かったのだが、動物病院に急いで連れて行ったところ、かなり危ない状態になっていて緊急入院。そしてなんとその夜、帰らぬいのちに。

奥様と泣きながら病院に迎えに行った若山さんは、保護団体「ちばわん」のスタッフに、早くに亡くしてしまったことを詫びる連絡を入れた。すると逆にお礼を伝えられ、さらにその時初めて、もえちゃんが保護される以前の状況について聞くことになる。もえちゃんは、悪質なブリーダーに飼われていた繁殖犬だったのだ。

不衛生で劣悪な狭いケージに閉じ込められ、歩くどころか立つこともできない状態で、10年近くひたすら子どもを産まされていたのだろうと。そしてブリーダーの経営破綻によって救出され、初めて外の世界に出ることができたということを知った。

若山さんや職員たちは、そんな真相を聞いて号泣《ごうきゅう》した。

きっと、もえちゃんの遠ざかる意識の中では、〝犬生〟最後の楽しかった半年の思い出が巡っていただろう。ドッグランの中で太陽を浴びながら、里山から吹いてくる風を体じゅうに受ける喜びを。雑草と土が入り交じった地面を4本の脚でしっかりと踏みしめて、土や草の匂いを嗅ぎながら歩いたしあわせな時を。

朝夕2回のドッグランでめいっぱい走り回り、出田さんと遊ぶ文福。

犬が、猫が、自分が旅立つ前日老人たちに別れを告げていった

ここまでたくさんの、人と犬、人と猫、犬と犬、猫と猫、の濃く深い心の通い合いについて書いてきたが、基本は1対1という関係のエピソードである。しかし、犬や猫が「1」で人が「多」という構図で語れる話もある。

ホーム開所から2ヶ月後の2012年5月、「さくらの里」の地元で、とぼとぼと線路を歩いているところを保護されてやって来たのがプーニャン（P118）。その時、フィラリアの症状が重く、血を吐いていたという。

入居後は、人懐っこさでみんなにかわいがられ、薬によってフィラリアも完治し穏やかな日々を送っていた。しかし2016年4月、突然嘔吐《おうと》して立てなくなり緊急入院。なんとか回復し、ホームから通院しながら暮らしていた。

8月16日、プーニャンはいつもよりずっと早い朝3時半頃に起き出し、ユニットじゅうをくまなく歩いて回った。そんなことは初めてだったという。さらには7時頃には隣の犬ユニットにまで向かった。これまた今までにない行動だった。そして午前中のうちに、天国に向かう便に乗り込んでいった。

プーニャンは自らの死期を悟り、病気の体を奮《ふる》い立たせながら、愛情を注いでくれた老人たち、職員たち、犬の仲間たちに、別れを告げていたはずだ。

まだ推定1歳ぐらいの雑種、保護犬の「アラシ」がやって来たのは2013年6月。アラシと一緒に眠るようになった人が、幻視による不眠症が治るなど、入居者たちと深くつながり合った。しかし、2015年5月、まだ3歳であるにもかかわらず、突然の別れが訪れてしまう。その前日、施設長の若山さんが、アラシが個室内のケージに寝て入っているところを見に行った時のこと。必死にはい出してきて何度も何度も頭をこすりつけて甘えてきたのだという。そんなアラシを若山さんは抱きしめた。これも別れのあいさつだったのだろう。

猫にも同様の話がある。祐介（P28〜35）である。亡くなる2日前、隣の猫ユニットにふらっと顔を出したというのだ。職員がドアを開けないと行けないのでかなり珍しい行動である。そして何人もの老人たちの部屋を訪れ、さらにリビングでも、のんびり過ごしていたのだと。お別れを告げに行ったとしか考えられない。

家族ではない人同士が同じ屋根の下に暮らし、お世話する人も一緒。そんな〝長屋〟的感覚の中で人間を仲間として生きる犬や猫たち。それだからこそ、人への「さよなら」は、込み上げる感情からくる、犬と猫の自然な振る舞いなのだろう。

水分

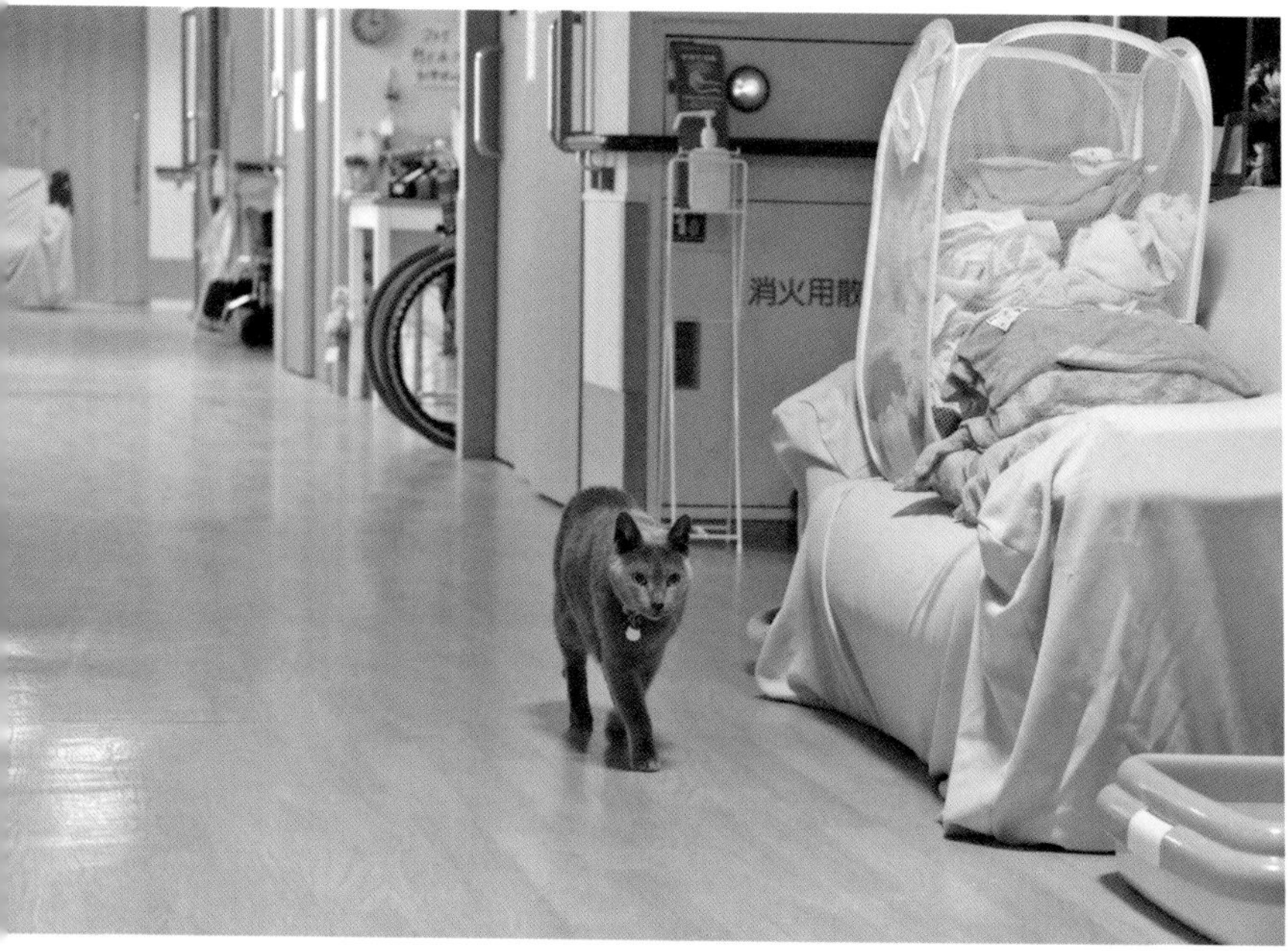
消火用

ロシアンブルーのあお(P42)は推定13歳。館内を歩く姿が優雅だ。

最期まであきらめない福祉
その理念を求めた結果がこのホーム

犬と猫のエピソードのあとは、「さくらの里」を設立した若山施設長の話を。

若山さんは、このホームをつくる10年以上前から、社会福祉法人を設立し福祉活動に携《たずさ》わってきた。そして、ある出会いが、犬や猫と暮らせる特別養護老人ホームをつくらねばと決心させた。そのコンビが、佐野孝彦さん（仮名）と愛犬のミニチュアダックスフンドの「レオ」である。

若山さんの法人が運営する在宅介護施設では、身寄りのない佐野さんの支援を10年以上続けていた。何度も自宅を訪れて見てきたのは、レオと互いに支え合うように暮らす様子。佐野さんにとってレオは唯一無二《ゆいいつむに》、かけがえのない家族だった。

そんな佐野さんだったが、加齢とともに自力で歩けなくなり、施設に入らざるを得なくなった。だが、犬を連れて入居できるところなどない。そこで泣く泣く引き取り手を探し始めるが、高齢犬ではそうそう見つからない。そしてついに……の決断となってしまう。

ホーム入居当日、佐野さんは知人に頼んだ。レオを保健所に連れて行ってもらうことを……。そうするしか手はなかったのだ。

その時、佐野さんの号泣は延々続いたという。以降も「俺は自分の家族を殺してしまったんだ」と自分を責め続け、1ヶ月後、施設のスタッフがお見舞いに訪れた時もまだずっと泣いていた。さらに2ヶ月も3ヶ月もその状態が続いた佐野さんは、生きる気力を失い、半年後、ついに息を引き取ってしまったのである。

若山さんは、高齢者福祉に携わる者として、そんな最期に追い込んでしまったことにショックを受けた。これは何かが間違っている、そう思い立ち、犬や猫と一緒に暮らせるホーム設立を誓ったのである。

11年間、このホームでたくさんの胸を打つ物語が紡《つむ》ぎ出され、奇跡的なできごとが起こり、人と犬と猫がつながるしあわせが生まれた。これはすべて若山さんという1人の人間の思い、小さな「点」から始まった。それは少しずつ「線」となって伸びゆき、今、「面」から「塊」に結実する時を待つ。僕はそう実感している。

その「塊」とは、高齢化問題、福祉問題、保護犬・保護猫問題、さらには人が人を思いやり、人がどうぶつを思いやる社会というあたりまえの問題。それらがよりよい状況に進むために、犬や猫を愛する人たちが「さくらの里」の話を知ることで、協力しながらのあと押しにつながっていくことを願っている。

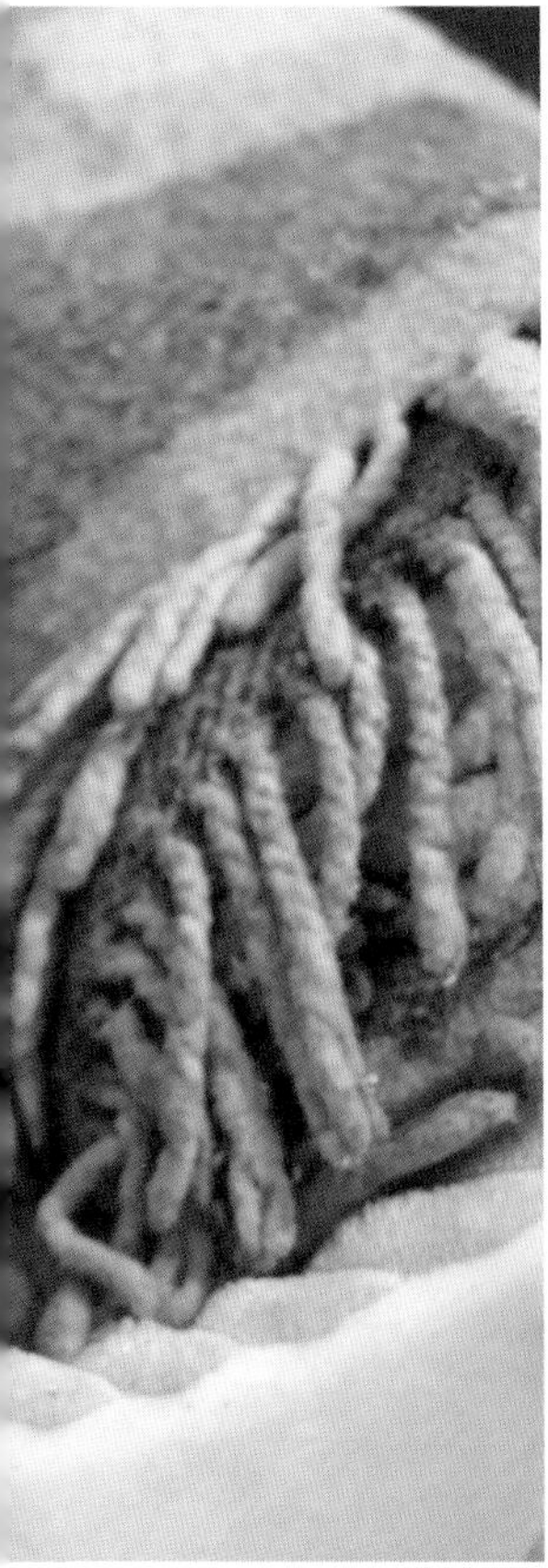

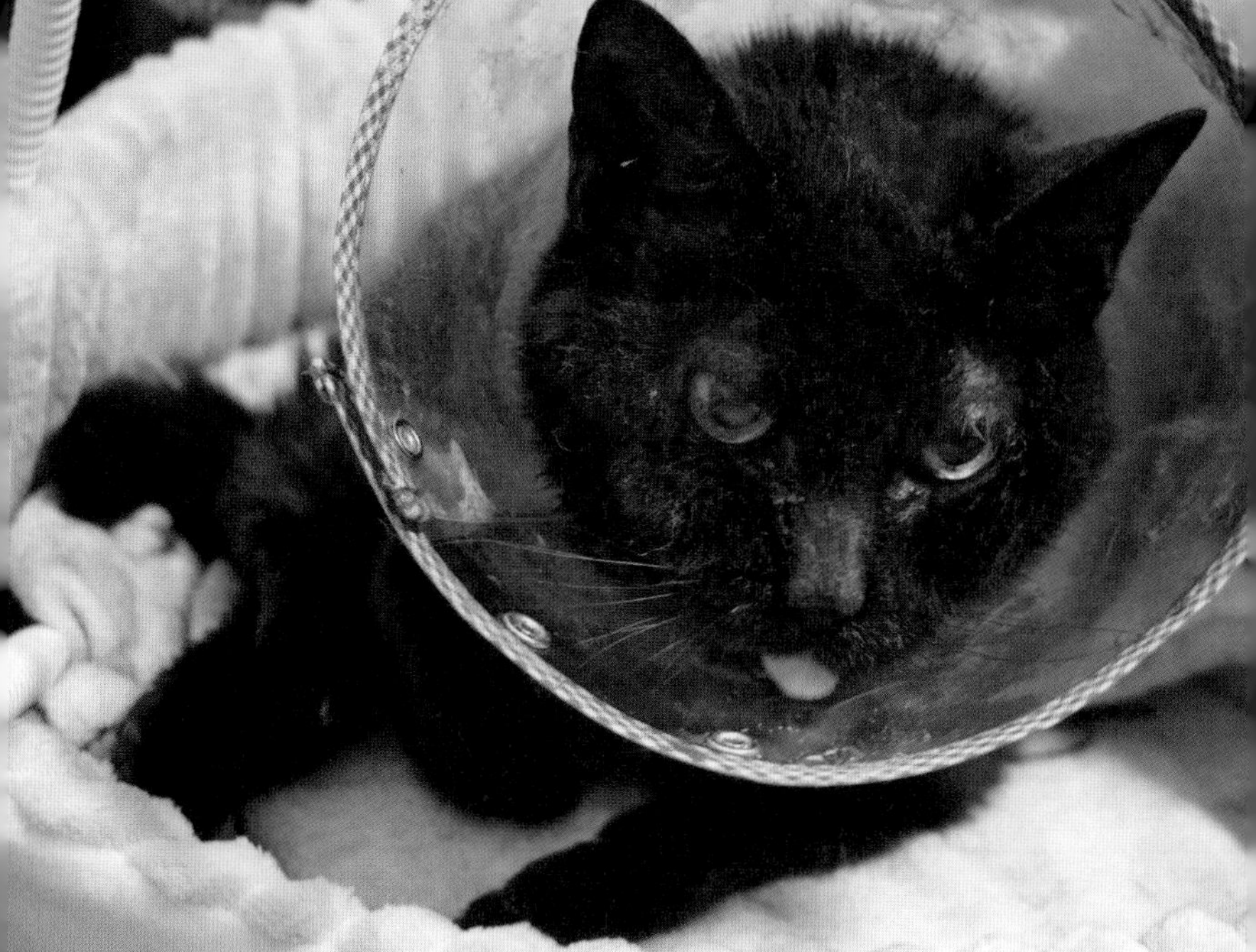

保護猫から2015年にやって来たクロは推定14歳。

館内にある位牌、写真、手紙 そこには老人と職員と犬猫の愛が

6度にわたる撮影でそこそこ長時間をユニット内で過ごしたのだが、特に犬や猫にカメラを向けない時間もあり、そういう時は、至るところに貼られている、入居者へのメッセージの貼り紙や、写真、さらには位牌などを眺めていた。

貼り紙は、職員さんが手書きでいろいろ工夫して作っているようで、どれも、ほんわかテイスト。文字だけでなく絵も描かれている。マジック、筆、テープ、色紙、銀紙金紙、写真の切り貼り、モール的な物などを使って、クリエイティビティに溢れたていねいな仕上げとなっている。

犬ユニットのリビング（P38〜39、P62）の貼り紙から文面の例を。「幸せの花咲く年になりますように」「一緒に道草楽しいね」「遊んで笑って楽しい一生っ」「わんこ わんこ お散歩わんこ」など、入居者たちに愉快に暮らしてもらいたいと願う職員たちの思いが、ストレートに伝わってくる。

また、各ユニットで過ごす犬や猫の名前と写真を紹介する表示パネルも（P62）。さらには、「さくらの里」で暮らし、ここから天国に旅立った犬や猫の写真がそこ

かしこに貼られていて、横にはメッセージや紹介メモが付いているものも。これも職員の手によるものだろう。家族のように愛情を注いで世話をしていた犬猫への想いが、短い言葉に滲《にじ》み出ている。

そして、静かに胸に迫ってくるのが、位牌である。個室以外にリビングでも何ヶ所も見かけるのだが、どれにも名前と命日が記され、写真も一緒に並んでいる。

僕が撮影のため６月19日に猫ユニットのリビングに行ったら、いつもミーちゃんがいる窓辺に小さなテーブルがあり、３つの位牌が並んでいた（Ｐ１４０）。それぞれ額に入った遺影を背にして。さらにその背後には骨壺《こつつぼ》も見えている。

左は２０２１年逝去の「チョロ之霊位」、享年18。右に、「かっちゃん之霊位」、２月11日に９歳で天国に。真ん中には、仲良しのかっちゃんのあとを追うように３月24日に14歳で生涯を閉じた「タイガ之霊位」が。

その前にメモがあった。タイガを保護した「ちばわん」からのものだった。「タイガくんに たくさんの愛を ありがとうございました　ちばわんメンバー 一同」その文字がところどころ滲んでいるのは、涙ではないのかな。そんなことを考えながら撮っていたら、ミーちゃんが、３つの位牌の前に乗って、いなくなってしまった仲間を愛おしむように、そこに置かれた食事をゆっくりと食べ始めた。

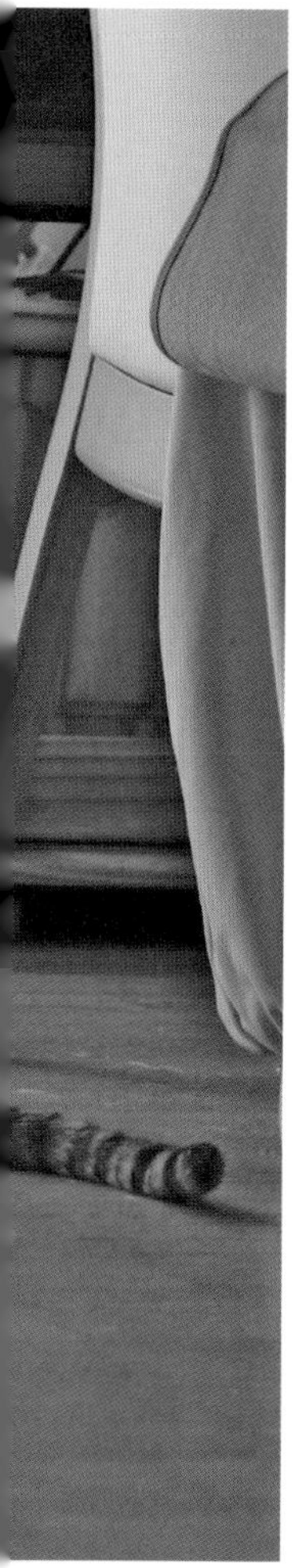

チョロ
タイガ
かっちゃん
18才♂
9才♂

タイガ
俗名 令和五年 タイガ 三月二十四日没 之霊位 享年十五歳
タイガくんにたくさんの愛を
ありがとうございました。
ちばわんメンバー 一同

チョロ
タイガ
かっちゃん
18才♂

猫ユニットの窓辺に並んだ位牌が3つ。
その前で、３ヶ月前まで一緒にいたタイガ(P24)、かっちゃん(P24)
との思い出に浸るかのようにごはんを食べるミーちゃん(P90)。

ご遺族の寄付で建った
歴代過ごした犬と猫のお墓

撮影初日、文福を連れてドッグランに向かうユニットリーダーの出田さんの後ろをついて施設裏手の空き地に入ると、目の前に現れたのは、やや大きめのお墓だった。よく手入れされているようで、陽光を受けて美しく反射している。しっかりした造りの土台部分から、逆U字形の塔部分が上に伸びる。塔の表面に彫られていたのは、ひらがな楷書体で「ありがとう」の5文字。マーガレットが供えられている。お墓の前には陶製の犬が置かれ、その表情は微笑んでいるように見えた。

出田さんに聞くと、同伴入居したあとに犬や猫を亡くした方のご遺族の寄付によって建てられたそうだ。「さくらの里」に対して、「最期まで一緒に過ごさせてもらってありがとうございます」という気持ちからなのだと。そして11年間で亡くなった、歴代の犬猫たちがここに眠っているという。旅立った順番に呼びかけてみよう。犬は12匹。もえ、震災犬のむっちゃん、アミ、アラシ、プーニャン、チコ、もう1匹チコ、ジロー、ベラ、ナナ、チロ、後輩サリー。

猫が13匹。震災猫の福美、キラ、タロウ、ナッキー、トラ、ちび、お母さん、ナツキー2世、祐介、あま、チョロ、かっちゃん、タイガ。

先輩たちはいつも、空き地を飛び回る文福たち後輩を静かに見守っている。

秋から冬になり、2月17日に撮影で犬ユニットを訪れた時、真新しい白木の位牌が目に入った。1月5日に天に召されたチロ（P44〜49）のものだ。まだ骨壺も一緒に置かれている。さらに思い出の写真やお供えも。横には、このユニットでチロのお世話をしていた職員さんのメッセージが添えられていた。

◆

かわいい かわいい チロちゃん
いつもお利口にトリミングさせてくれて ありがとう
みんなに癒しと笑顔を与えてくれて ありがとう
よくがんばりましたね
これからは お父さんにいっぱい甘えられるね
ホームのみんなを見守っていてね
チロちゃん 大好きだよ♡ ありがとうね

◆

そこには、お墓と同じ言葉、「ありがとう」が3つあった。

施設裏手にあるお墓には、
「さくらの里」で暮らした
歴代の犬と猫たちが眠る。

ありがとう

「さくらの里」で暮らした歴代の犬猫たち

■「さくらの里」に来た順で
■年齢は 2023 年 4 月現在で、
保護犬・保護猫など明確でない場合は推定
■逝去の場合は享年を表記
■逝去した犬猫は地色をグレーに

［犬 19 匹］

名前	犬種	年齢	性別	来歴	ホームに来た時期	逝去日	本書登場ページ（メインの項のみ）
文福	柴系の雑種	13 ～ 14 歳	オス	保護犬	2012/4		P18
大喜	柴系の雑種	13 ～ 14 歳	オス	保護犬	2012/4		P74
もえちゃん	柴	10 歳	メス	保護犬	2012/4	2012/10	P126
プーニャン	柴系の雑種	13 歳	オス	保護犬	2012/5	2016/8	P130
むっちゃん	秋田犬系の雑種	15 歳	オス	震災被災犬	2012/6	2014/5	P60
アミ	ダルメシアン	10 歳	メス	同伴入居	2012/12	2014/6	P118
ジロー	ミニチュアダックスフンド	14 歳	オス	保護犬	2013/3	2019/12	
アラシ	雑種	3 歳	オス	保護犬	2013/6	2015/5	P131
ルイ	チワワとキャバリアの雑種	15 歳	オス	保護犬	2014/7		P48
チロ	ポメラニアン	15 歳	オス	同伴入居	2015/11	2023/1	P44
チコ 1 世	ビーグル	14 歳	オス	同伴入居	2016/9	2017/11	
ナナ	キャバリア	8 歳	メス	同伴入居	2016/10	2022/1	P110
ココ	トイプードル	13 歳	オス	同伴入居	2017/5		P94
サンタ	トイプードル	13 歳	オス	同伴入居	2017/12		P104
ミック	ヨーキー系の雑種	12 歳	オス	同伴入居	2018/3		P80
チコ 2 世	チワワ	12 歳	メス	同伴入居	2018/6	2019/4	
先輩サリー	シーズー	13 歳	メス	同伴入居	2019/9		P98
ベラ	マルチーズ	15 歳	メス	同伴入居	2020/1	2021/6	
後輩サリー	ヨーチワ	16 歳	メス	同伴入居	2020/11	2023/6	P98

［猫 21 匹］

名前	猫種・柄	年齢	性別	来歴	ホームに来た時期	逝去日	本書登場ページ（メインの項のみ）
トラ	茶トラ	14 歳	オス	保護猫	2012/4	2017/12	P114
チョロ	ベンガル	18 歳	オス	同伴入居	2012/4	2021/3	
福美	サバトラ	7 歳	メス	震災被災猫	2012/4	2017/12	P61
タイガ	ベンガル	14 歳	オス	保護猫	2012/4	2023/3	P24
キラ	白猫	不明	オス	保護猫	2013/6	2014/10	
祐介	2 色ブチ	15 歳	オス	同伴入居	2013/10	2021/3	P28
タロウ	3 色ブチ	11 歳	オス	保護猫	2013/10	2016/8	
かっちゃん	白猫	9 歳	オス	保護猫	2015/8	2023/2	P24
クロ	黒猫	14 歳	メス	保護猫	2015/9		P136
ちび	黒猫	11 歳	オス	同伴入居	2015/9	2019/8	
お母さん	サバトラ	19 歳	メス	同伴入居	2015/9	2019/11	
あま	キジトラ	11 歳	オス	保護猫	2015/9	2021/10	
ナッキー	キジトラ	16 歳	オス	同伴入居	2018/1	2018/6	P122
ナッキー 2 世	キジトラ	14 歳	オス	保護猫	2018/7	2019/12	P123
ムギ	キジトラ	8 歳	メス	同伴入居	2019/2		P54
ミーちゃん	三毛猫	13 歳	メス	同伴入居	2020/3		P90
ミミ	サバトラ	7 歳	メス	同伴入居	2021/1		
たま子	白猫	12 歳	メス	同伴入居	2021/2		
あお	ロシアンブルー	13 歳	オス	保護猫	2021/3		P42
プリン	2 色ブチ	8 歳	オス	同伴入居	2021/9		P70
ゆりっこ	2 色ブチ	9 歳	メス	保護猫	2023/4		P112

昔ここで過ごした犬猫たちの卒業アルバム

★本書に名前が登場する犬猫のみです

写真提供／さくらの里

むっちゃん（P60）

ナッキー（P122）

もえちゃん（P126）

祐介（P28）

ナッキー２世（P123）

アラシ（P131）

福美（P61）

ナナ（P110）

プーニャン（P130）

トラ（P114）

アミ（P118）

高齢者が飼っていたあとに殺処分につながる犬や猫の割合が多いのです

扇田桂代【動物愛護団体「ちばわん」代表】

私が「さくらの里 山科」を知ったのは２０１２年の春のことでした。当時は建物の建設が終わったばかりで内装工事の真っ只中。若山施設長に案内して頂きながら、犬ユニット、猫ユニットの説明を受けました。そして、当会から犬と猫の譲渡の希望を頂きましたが、正直に言えば、最初から不安を感じなかったと言えば嘘になります。それまで、老人ホームへ犬猫を譲渡することなど考えたこともなかったのですから。ただでさえ介護の現場は人手不足だと聞いているのに、犬猫の飼育をする余裕などあるのかと疑問に思ってしまいました。

しかし譲渡後に、文福たちの様子を見に行くうちに、施設長の想い、そして介護職員の方々の頼もしさがわかってきました。そして、すべての犬と猫が溢れる愛情を受け取っている姿を見て、不安はまったくなくなりました。

これが11年にわたる、「さくらの里」とちばわんの提携の始まりでした。

私がちばわんを設立したのが２００２年のことでしたから、ちょうど10年目に「さくらの里」と出会い、そこからさらに10年以上が経ったことになります。じつは、そのうちの10年間、私は介護職員として「さくらの里 山科」で働かせて頂きました。介護の仕事と、高齢者の生活の実情を知りたいと思ったからです。

そのあいだ、ホームの1階ホールをお借りして当会の譲渡会や映画上映会を開催させて頂くなど、ちばわんの活動の面でもたくさん支えて頂きました。

ちばわんでは、毎年２５０頭前後の犬猫を保健所から引き取っています。保健所での殺処分はこの20年間で大幅に減りましたが、殺処分されている犬や猫はまだ数多くいます。そして、高齢者が飼っていたあとにそうなってしまう割合も非常に多いのです。

当会でも、高齢者からのペットに関する相談があとを絶ちませんし、高齢者が飼う犬や猫を増やしてしまい飼いきれなくなる、多頭飼育崩壊の現場を何度も体験しました。

高齢者のペット問題の解決には、社会が支援する必要性を感じています。しかし全国を見ても、「さくらの里 山科」のような特別養護老人ホームは、ほかにはまだほとんどありません。きっとたくさんのご高齢の方々が不安を抱えながらペットと暮らしていると思いますので、私も何ができるのか、今後も模索していきたいです。

高齢者が最期まで犬猫と暮らすことが、少しずつあたりまえになっているような気がします

若山三千彦【特別養護老人ホーム「さくらの里 山科」理事長・施設長】

私が、ペットと一緒に入居できる特別養護老人ホームをつくらなければいけない、と思い立ったのは、佐野さんという一人暮らしの高齢者と、愛犬のレオの悲惨な別れを見たからです（P134）。しかしその段階では、同伴入居を進めようとしていたもの、保護犬・保護猫の受け入れまでは考えていませんでした。

じつは、保護犬・保護猫の受け入れを思いついたのは、石黒先生がプロデュース・編集した『犬と、いのち』（2010年刊）という本を読んだからです。そこに書かれていた犬猫の殺処分の悲惨な実態と、それでも希望を捨てない、著者の渡辺眞子さんたちの思いに触れ、たとえわずかでも、ホームで保護犬・保護猫を受け入れようと決意したのです。だから石黒先生の本がなければ、私は文福と出会うことはありませんでしたし、文福が看取り犬として活動することもなかったのです。

私と文福にとって恩人とも言える石黒先生が、「文福と仲間たちと高齢者」を題材とするこの本を書いてくださったのは、望外の喜びでした。

これまでに「さくらの里 山科」にやってきた保護犬は8匹（うち1匹は被災犬）、保護猫は11匹（やはりうち1匹は被災猫）になります。もえちゃん（P126）のように短期間で虹の橋へ旅立ってしまった子もいますが、ここで暮らしたみんなが幸せだと感じてくれていたならば、たいへん嬉しいことです。

飼い主の高齢者と同伴入居した犬は12匹、猫は10匹になります。ホーム開設の2012年に同伴入居したのは、犬猫合わせて2匹のみ、2013年は1匹だけです。それが最近は毎年3匹の同伴入居があります。「さくらの里」の知名度が上がったためでしょうが、時代が変わってきたようにも感じています。

初期の同伴入居は、アミ（P118）、祐介（P28）、チロ（P44）など、重いドラマを背負っているケースが大半でしたが、最近は「いい意味で」そんなドラマもなく、ごく自然に愛犬・愛猫と一緒に入居する人ばかりになりました。高齢者が最期まで犬猫と暮らすことが、少しずつあたりまえになっているような気がします。

ペットと暮らせる特別養護老人ホームは、最近になって2ヶ所増えました。とはいえ、「さくらの里 山科」を入れてまだ全国で3ヶ所（推定）ですが、着実に増えていくでしょう。いつか、愛犬・愛猫を連れて老人ホームに入るのがあたりまえという社会になることを期待しています。

どうぶつが人をいたわること、どうぶつがどうぶつをいたわること

感想的なおわりに

82歳を迎えた僕の3番目の母親は、今年に入るまで訪問介護ヘルパーをやっていました。来てもらっていた、のではなく、ヘルパーを仕事にしていたのです。その年齢まで。だらしない生活を続けた父は47歳で金沢から東京へ夜逃げ。差し押さえの赤紙を貼られた家に残された僕と母と犬はその夜、取り立て屋から逃げるため、最低限の家財道具をリヤカーに載せて家を出ました。そして翌年、僕の高校卒業と同時に2人と犬で上京。

母はそんなどうしようもない父親を、「業《ごう》」なのか「あきらめ」なのか離婚せずに支え、45歳からは住み込みで介護ヘルパーをやって生計を立てていく。父が亡くなり七回忌を終えると75歳で金沢へ戻り一人暮らしを始め、そこでも泊まり込みの訪問介護ヘルパーを生業《なりわい》とし、2023年、心臓にペースメーカーを入れるまで続けました。

そんな母から、よく老人介護の現場の話は聞いていました。かんたんな言葉で片付けるのは申し訳ないほど、とにかくたいへんな仕事です。本書の本筋と少しズレてしまうのですが、全国の介護職員さんたちの待遇がもっともっとよくなることを願っています。

本編でも書きましたが（P86）、このホームの職員さんがお世話するのは、人だけでなく、犬と猫も、です。ほとんど横になって暮らす大喜を出田さんが介護する、そんな老犬と人の姿に、うちの犬、本書刊行時には18歳を迎える豆柴のセンパイを重ねました。カートに乗る生活になってそろそろ2年。自力で立てないから、食事は抱いてスプーンで。おむつを替え、夜は一緒に寝たり起きたりのくり返しを夫婦1日交代で。そんな日々の中、大喜の光景はリアリティを伴って、僕の心の深いところに刺さりました。

老人と犬、老人と猫。老犬と人、老猫と人。老犬と老犬、老猫と老猫。

人が人をいたわること、人がどうぶつをいたわること。それは普通のこととして捉えられていますが、さらにそこに並列で加わる、どうぶつが人をいたわること、どうぶつがどうぶつをいたわること。そこに思いを巡らせた本づくりとなりました。

いろいろな思いを込めた本書のデザインは、高齢の柴犬飼いの守先正さんなら気持ちを共有できるはず、とお願いしました。快く刊行にGOを頂いた光文社の樋口健さんともども、感謝申し上げます。そして、若山さん、職員のみなさま、犬と猫たちみんな、「さくらの里」でたくさんのあたたかな気持ちを頂きました。ありがとうございます。

保護犬だった文福と大喜が
保健所のセンターにいた時。

今、「さくらの里」で
しあわせな日々をおくる。

大喜

文福

PROFILE

石黒謙吾（いしぐろ・けんご）

1961年　金沢市生まれ。

著書には、映画化されたベストセラー『盲導犬クイールの一生』『2択思考』『分類脳で地アタマが良くなる』『図解でユカイ』『エア新書』短編集『犬がいたから』『どうして？　犬を愛するすべての人へ』（原作・ジム・ウィリス・絵・木内達朗）、『シベリア抑留　絵画が記録した命と尊厳』（絵・勇崎作衛）、『ベルギービール大全』（三輪一記と共著）など幅広いジャンルで多数。

プロデュース・編集した書籍は、『世界のアニマルシェルターは、犬や猫を生かす場所だった』（本庄萌）、『犬と、いのち』（文・渡辺眞子、写真・山口美智子）、『ネコの吸い方』（坂本美雨）、『豆柴センパイと捨て猫コウハイ』（石黒由紀子）、『負け美女』（犬山紙子）、『56歳で初めて父に、45歳で初めて母になりました』（中本裕己）、『ナガオカケンメイの考え』（ナガオカケンメイ）、『親父の納棺』（柳瀬博一、絵・日暮えむ）、『教養としてのラーメン』（青木健）、『餃子の創り方』（パラダイス山元）、『昭和遺産へ、巡礼1703景』（平山雄）など280冊を数える。

若山 三千彦（わかやま・みちひこ）

社会福祉法人「心の会」理事長、特別養護老人ホーム「さくらの里 山科」（神奈川県横須賀市）施設長
1965年　神奈川県生まれ
横浜国立大教育学部卒。筑波大学大学院修了。世界で初めてクローンマウスを実現した実弟・若山照彦を描いたノンフィクション『リアル・クローン』（小学館/2000年）で第６回小学館ノンフィクション大賞・優秀賞を受賞。学校教員を退職後、社会福祉法人「心の会」創立。2012年に設立した「さくらの里 山科」は日本初の、ペットの犬や猫と暮らせる特別養護老人ホームとして全国から注目されている。著書に『看取犬・文福 人の命に寄り添う奇跡のペット物語』（宝島社）がある。

[参考書籍]
『看取犬・文福 人の命に寄り添う奇跡のペット物語』（若山三千彦/宝島社）

[参考サイト]
読売新聞オンライン「ヨミドクター」ペットと暮らせる特養から

STAFF

文・写真・編集　石黒謙吾
取材協力　若山三千彦
デザイン　守先 正
DTP　藤田ひかる（ユニオンワークス）
制作　(有)ブルー・オレンジ・スタジアム
編集　樋口 健（光文社）

協力　特別養護老人ホーム さくらの里 山科
ちばわん（動物愛護団体）

犬《いぬ》が看取《みと》り、猫《ねこ》がおくる、しあわせのホーム

2023年9月30日　初版第1刷発行

著者　石黒謙吾《いしぐろけんご》
印刷所　堀内印刷
製本所　ナショナル製本
発行者　三宅貴久
発行所　株式会社光文社
〒112-8011 東京都文京区音羽 1-16-6
TEL 03-5395-8172（編集部）
03-5395-8116（書籍販売部）
03-5395-8125（業務部）
メール　non@kobunsha.com
落丁本・乱丁本は業務部へご連絡くだされば、お取り替えいたします。

ISBN 978-4-334-10061-2